rote taschenbücher • band 1

verlag wiljo heinen

Eberhard Panitz,
Jahrgang 1932, arbeitet seit 1959 als freier Schriftsteller. Er lebt heute in Berlin.

1961 bereiste er mit Schriftstellerkollegen das revolutionäre Kuba und erlebte unter der »Reiseleitung« von »Tania la Guerillera« (Tamara Bunke) Kubas Aufbruch. Die Eindrücke der Reise, auf denen er auch »den Che«, Fidel und Raúl Castro kennenlernte, flossen in zahlreiche seiner Werke ein, darunter »Cristobal und die Insel« (1963), die Tamara-Bunke-Biographie »Der Weg zum Rio Grande« (1973) und »Cuba mi Amor« (2004), mit dem damals geführten Tagebuch.

Eberhard Panitz und Tamara Bunke, 1961.

In der biographischen Skizze »Comandante Che«, zuerst 1997 veröffentlicht und jetzt aktuell überarbeitet, läßt Eberhard Panitz das Leben, den Kampf und die Ideale Ernesto Guevaras lebendig werden. Diese Biographie eines der wohl außergewöhnlichsten Menschen der neueren Zeit ist zugleich ein Hoffnungszeichen revolutionärer Verbundenheit und daß eine andere Welt möglich wird.

COMANDANTE CHE

Biographische Skizze

Eberhard Panitz

Die Umschlaggestaltung und Typografie besorgte Wiljo Heinen, das Lektorat übernahm Klaus Franke. Der Text wurde aus der Sabon LT gesetzt.

Die Fotos auf der Vorderseite des Umschlags, auf S. 14 und S. 16 machte Eberhard Panitz während seiner Kubareise im Jahre 1961.

Die Fotos auf der Rückseite des Umschlags, auf S. 2 und S. 101 stammen von Thomas Billhardt, ebenfalls von der 1961er Reise.

Fotos auf S. 108 und S. 246 von Wiljo Heinen.

Alle anderen Fotos stammen aus frei verfügbaren und benutzbaren Quellen – hauptsächlich Veröffentlichungen der Republik Kuba, aber auch von anderen öffentlichen Einrichtungen.

Die Dokumentenauszüge im Anhang wurden von der CIA freigegeben.

Druck und Weiterverarbeitung:
UAB Spaudos projektai, Litauen.

»Comandante Che« hat die
ISBN 978-3-939828-12-9

Das Bild von Che Guevara bleibt, der Zeit zum Trotz und den so ungeheuren Ereignissen, die täglich und unerbittlich eins aufs andere folgen; es bleibt an den Wänden und in den Köpfen vieler junger Menschen: unverändert, schön und romantisch. Ich meine jenes Bild von Che unter der »Boina« mit dem roten Stern, mit den träumenden Augen, die über die unmittelbare Wirklichkeit hinaus sehen, mit dem Bart des Kämpfers, nicht dem langen gepflegten Bart eines Mannes, der an die Macht gekommen ist – eine Lederjacke bedeckt die Brust, wo ein ungestümes Herz schlägt.

Jorge Amado

Platz der Revolution

Es lohnt, darüber nachzudenken, warum andere viel gerühmte oder geschmähte Gestalten und Erscheinungen des vorigen Jahrhunderts längst vergessen sind, jedoch die Erinnerung an Che Guevara lebendig bleibt und wohl auch noch die folgenden Generationen erreicht und begeistert. Sein denkwürdiges Leben dauerte von 1928 bis 1967, also nicht einmal vierzig Jahre. Diese kurze Zeitspanne läßt sich nicht als abenteuerliches oder romantisches Heldenleben abtun, durch den frühen Tod ins Märtyrertum entrückt. Vieles, wofür dieser Mann mit größtem Engagement und letztem Einsatz focht, weist auf sehr Gegenwärtiges, immer noch Brennendes, Aufrührerisches und unabweisbar Zukünftiges hin.

Fidel Castro sagte nach seinem Tod: »Als Che fiel, verteidigte er keine anderen Interessen, keine andere Sache als die der Ausgebeuteten und Unterdrückten dieses Kontinents, die der Armen und Gedemütigten dieser Erde. Und selbst seine Feinde wagen nicht, seine Uneigennützigkeit und Größe bei der Verteidigung dieser Sache anzuzweifeln. Vor der Geschichte wachsen Männer, die wie er handeln, die alles für die Sache der Gedemütigten geben, die Tag für Tag mehr die Herzen der Völker erobern werden.«

Wäre der promovierte Arzt, Dr. Ernesto Che Guevara, Chirurg, Dermatologe und aufopferungsvoller Lepraarzt, nicht als Revolutionär und Anführer eines Guerillatrupps im Indiodorf Higuera von bolivianischen Regierungstruppen und US-Rangern brutal und heimtückisch ermordet worden, könnte er noch gut und gern bei den jetzigen Debatten um soziale Gerechtigkeit sowie nationale und globale Befreiung unter uns sein. Lange haben die Täter die schändlichen Tatsachen um seinen Tod verschwiegen, bestritten und seinen Leichnam unter strengster Geheimhaltung verschwinden lassen. Alle Spuren sollten verwischt und wenn möglich auf ewig beseitigt werden, sogar die Hände wurden deshalb dem Toten abgetrennt. Aber diese Hände und sein Tagebuch sind schließlich auf abenteuerlichen Wegen nach Havanna gelangt – dreißig Jahre nach seinem Tod dann auch die auf dem bolivianischen Militärstützpunkt Vallegrande verscharrten übrigen Gebeine Ches, Tamara Bunkes und anderer ermordeter Kämpfer. Der tote Che mit seinem revolutionären Vermächtnis blieb für seine Mörder und ihre Befehlsgeber nicht weniger gefährlich als der lebende Comandante – wohl noch weit über die jetzige Zeit der düsteren Niederlagen und Kehrtwenden der Geschichte hinaus.

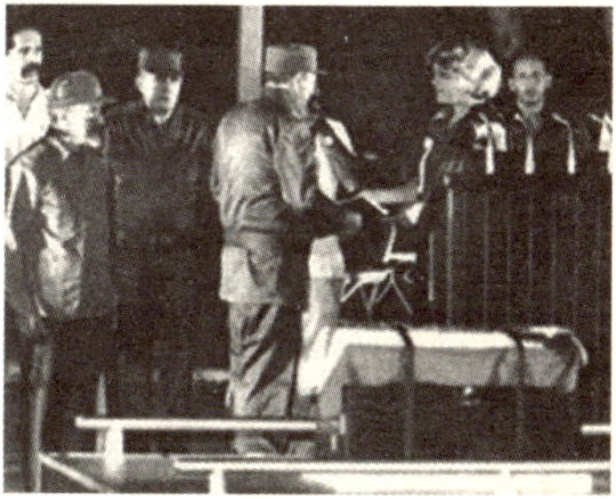

1997, dreißig Jahre nach der Ermordung in Bolivien, fanden die Überreste der Guerilleros ihre würdige Ruhestätte. Fidel Castro und Aleida Guevara March, Tochter des Che, während der feierlichen Zeremonie.

In den vergangenen Jahrzehnten bin ich oft gefragt worden, ob ich mir, als ich Che Guevara damals in Kuba traf und wir miteinander sprachen, der Bedeutung dieser Begegnung und des historischen Moments bewußt gewesen sei. Es war 1961, bei meiner Kubareise mit Horst Salomon und Thomas Billhardt, und ich hatte mich am 26. Juli auf der Tribüne am José-Martí-Denkmal von Havanna in Che Guevaras Nähe gedrängt, weil mich Tamara Bunke – unsere Dolmetscherin – auf ihn aufmerksam gemacht hatte. Sie war wie er in Argentinien geboren, schwärmte von ihm und seinem heldenmütigen Einsatz überwältigend neu, kaum begreifbar und für manche ungeheuerlich, was die Revolution von den Bergen der Sierra Maestra herab in kurzer Zeit übers Land gebracht hatte: Die Bodenreform, die Enteignung der USA-Firmen, die radikale Auflösung der alten korrupten und ferngesteuerten Verwaltung und Armee, die bestandenen Abwehrkämpfe jener Tage sowie die begonnene Alphabetisierungs-Kampagne, da bisher die Mehrheit des Volkes nicht einmal die Chance zum Lesen- und Schreibenlernen hatte.

Nach diesem erlebnisreichen Tag in Havanna, war am folgenden Tag, 12 Uhr, eine Fahrt nach Playa Girón, zur Schweinebucht, geplant, wo vor drei Monaten die Invasion der USA und derer kubanischen Söldner nach 72-stündigem Kampf gescheitert war. Ich schrieb unterwegs eifrig in mein Tagebuch, doch glaube bekennen zu müssen, daß mir da keinesfalls die Ereignisse und Begegnungen in ihrer wahrlich historischen Bedeutung, Dramatik und Gefährdung ganz bewußt waren.

»27. Juli 1961. Ärger als pünktliche Deutsche, weil wir stundenlang vorm Hotel sitzen und warten, ohne daß es jemand kümmert. Erst nach und nach versammeln sich die anderen Ausländer, zuletzt erscheint Tamara Bunke und meint lächelnd: ›Nur keine unrevolutionäre Ungeduld, gleich geht's los!‹ Es ist dann 15:30 Uhr, als der Bus vorfährt und wir mit einer Gruppe aus Brasilien und Paraguay einsteigen. In Playa Girón fahren wir in Galoppgeschwindigkeit an der Landestelle vorbei, die von einem Palmengürtel umgeben ist. Eine gute Straße verläuft dicht am Strand, landeinwärts von undurchdringlichem Dschungel und von Sümpfen umgrenzt. Man kann sich vorstellen, daß hier keiner der Interventen sehr weit gekommen ist.

Am Volksbad Playa Girón sind Karawanen von Autos eingetroffen, Arbeiter aus der umliegenden Gegend haben sich in der unbarmherzig heißen Sonne auf einem Platz schon Stunden vor dem Meeting eingefunden, zu dem, wie es heißt, auch Fidel Castro und Che Guevara erwartet werden. Wieder vergeht viel Zeit, auch der Abend bringt nicht die mindeste Kühlung. Wir vergehen fast vor Hitze und Durst, ich hole uns zwei frisch geerntete Ananasfrüchte. Als ein Hubschrauber landet, schreit es überall: ›Fidel!‹ Man hastet auf den sandigen Kahlfleck inmitten der noch nicht fertigen Neubauten zu, doch Fidel ist nicht im Hubschrauber, niemand will es glauben, ehe man nicht all die anderen Offiziere aus der Kabine hat klettern sehen.

Fidel Castro kommt schließlich mit einem Auto, auch Che Guevara. Ich dränge mich unterhalb der Tribüne durch die Menge und so weit an sie heran, daß ich sie mit meiner primitiven Kamera fotografieren kann. Castro raucht eine Zigarre. Man zeigt ihm ein Intarsienbild, wahrscheinlich das Geschenk eines Künstlers aus der Gegend: Chruschtschow und Castro. Er sieht es sich etwas verlegen an. Seine Miene hellt sich auf, als junge Alphabetisatoren (Schreiblehrer, die selbst noch zur Schule gehen) mit großen Bleistiften und echten sowie symbolischen Petroleumlampen vorbeimarschieren und alte Frauen und Männer ihm Briefe mit ihrem Erstgeschriebenen übergeben. Seine Rede, bei sengender Sonne, hören wir nicht, wir flüchten abseits unter ein Dach.

Fidel Castro, 1961.

Als danach Che Guevara spricht, eilt Tamara Bunke zur Tribüne. Sie schwärmt für Che, auch, weil er aus Argentinien stammt, wo sie gleichfalls geboren und bis zur Heimkehr ihrer emigrierten Eltern nach Deutschland aufgewachsen ist. Wie sie mir erzählte, trifft sie sich ab und zu mit ihm und bringt ihm Mate-Tee, das Leib- und Magengetränk der Argentinier, das sie von Landsleuten beschafft. Sie hatte Che bereits in der DDR kennengelernt und als Dolmetscherin nach Leipzig zu einer Konferenz mit lateinamerikanischen Studenten begleitet. Nach seiner Rede kommt sie mit ihm unter das Sonnendach und macht uns miteinander bekannt. Sie stellt Horst Salomon, mit dem ich hier zusammen bin, als ›Poeta‹ vor, weil er vor allem Gedichte schreibt, mich als prosaischen ›Escritor‹, beide hätten wir jedenfalls die Absicht über Kubas Revolution zu schreiben. Er mustert uns freundlich lächelnd. ›Hier gibt es jetzt für euch nicht viel Revolutionäres zu sehen‹, sagt er und weist zur Bucht mit ein paar ausgebrannten US-Fahrzeugen und im Uferschlamm versunkenem Kriegsgerät. ›Das war hier nur ein kleines Gefecht, kein Krieg, keine Konterrevolution. Aber daß wir es geschafft haben, daß weder ein Krieg, noch eine Konterrevolution daraus geworden ist, das sollte man zur Kenntnis nehmen und sich überall gut merken.‹«

Nichts war mit dem vergleichbar, was ich von Zuhause kannte. Mir dämmerte inmitten dieses aufwühlenden Geschehens immerhin, von welcher Bedeutung das menschliche Profil, die Sprache und Intelligenz der Führer dieser Revolution für den Gang der Dinge und die Mitsprache, der begeisterte Zuspruch des Volkes zu den revolutionären Entscheidungen war. Mehrmals stand ich dann noch bei den mitreißenden Reden von Fidel, seinem Bruder Raúl und Che eingezwängt in der Menge und erlebte mit, wie daraus hochpolitische Volksversammlungen ohne jedes Tabu mit Zuruf und Gegenrede, Dialogen und leidenschaftlichen, niemals vom Papier abgelesenen Bekenntnissen wurden. Diese Begegnung mit der kubanischen Revolution und leibhaftigen Revolutionären gab dem gewohnten Denken einen Stoß und war eine Herausforderung unseres gesicherten, gefestigten aber auch schon zur Selbstzufriedenheit neigenden Realsozialismus.

»Heute hab ich die Demokratie in Aktion erlebt«, sagte Jean-Paul Sartre, nachdem er etwa zur selben Zeit mit Fidel Castro einige Tage unterwegs und Zeuge solcher Zusammenkünfte gewesen war. Und über Che Guevara, den er bewunderte, weil er bei ihm Wort und Tat wie aus einem Guß fand,

Che Guevara in Playa Girón, 1961

schrieb er nach dessen Tod: »Ich halte dafür, daß dieser Mann nicht nur ein Intellektueller, sondern der vollkommenste Mensch unserer Zeit war.«

Erst in jüngster Zeit ist bekannt geworden, daß an einem dieser Julitage, vermutlich in Havanna, ein Attentat auf Fidel Castro und Che Guevara geplant war. Der Mordanschlag, vom CIA im Zusammenwirken mit Regierungen Mittelamerikas und Venezuelas vorbereitet, sah vor, mit einem Präzisions-Teleskopgewehr Castro, Guevara und wohl auch Gagarin, der sich damals am Nationalfeiertag dort mit auf der Tribüne des Martí-Monuments befand, zu erschießen. Anschließend sollten eingeschleuste Exilkubaner und Castro-Gegner zum Schein einen »Angriff« der Revolutionären Streitkräfte auf die US-Marinebasis Guantánamo vortäuschen, um so den Vorwand für die bereits zur Playa-Girón-Invasion angestrebte Besetzung der Insel durch 60 000 Soldaten zu liefern. Die Geheimdienste Kubas und der Sowjetunion, die seit Herbst 1960 bereits intensiv zusammenarbeiteten, hatten den Plan jedoch in letzter Minute aufgedeckt und verhindert.

Nachfahre des Vizekönigs

Die Zeichen für den kleinen Ernesto Guevara de la Serna, der am 14. Juni 1928 in Rosario geboren wurde, standen nicht schlecht für einen Weg auf der Sonnenseite des Lebens und zum Erwerb von Bildung und Wissen. Der Vater und die Mutter stammten aus wohlhabenden Familien, allerdings hatten sie beide elf Geschwister und deshalb kein allzu üppiges Vermögen geerbt. Väterlicherseits waren es irische Einwanderer, worauf der Zuname Lynch verweist, Geschäftsleute, Landvermesser und höhere Regierungsbeamte; der Großvater hatte in wilden Gebirgsgegenden die Grenzen Argentiniens und seiner Provinzen markiert und kartographiert. Die Mutter Celia war die Urenkelin des letzten spanischen Vizekönigs von Peru, des Conde de los Andes Joseph de la Serna, der in der letzten Schlacht der Kolonialmacht in Ayacucho 1824 von den aufständischen Südamerikanern geschlagen und zur Kapitulation gezwungen wurde.

Immerhin eine denkwürdige Konstellation, daß der Ahnherr des Che in jener Entscheidungsschlacht des südamerikanischen

Befreiungskampfes als oberster Befehlshaber auf der anderen Seite der Barrikade stand, gegen die sein Ururenkel mehr als hundert Jahre später und aus mehr als hundert alten und neuen Gründen bis zum letzten Atemzug focht. Nichts in den hinterlassenen Schriften und Aufzeichnungen des Che deutet darauf hin, daß er dem eine besondere Bedeutung beigemessen hätte. Im Gegenteil, als er in seinem letzten Studienjahr alles hinter sich ließ und mit einem Freund durch fünf südamerikanische Länder reiste, erwähnt er in seinem Tagebuch angesichts des Schicksalsortes seines Ahnherrn diesen nicht einmal, sondern preist stattdessen: »Ayacucho, in der Geschichte Amerikas bekannt für die Schlacht, die Bolivar in den Ebenen vor der Stadt für sich entschieden hatte. Heute aber ist es dort mit der mangelnden Straßenbeleuchtung, die in allen Städten des peruanischen Hochlands ein Ärgernis ist, am schlimmsten: Die elektrischen Glühbirnen erkennt man gerade noch an einem schwachen orangefarbenen Schimmer.«

Obwohl sich Che später eingehend mit den Werken von Marx und Engels befaßt hat, dürfte ihm wohl auch, falls er darauf gestoßen sein sollte, darin die Erwähnung des Ortes Ayacucho – eine Gründung des Inka-Eroberers und Schlächters Francisco Pizarro – und des Namens seines Urahnen durch sie keiner besonderen Beachtung wert gewesen sein; vermerkt oder geäußert hat er jedenfalls darüber nirgendwo etwas. Für das Konversationslexikon »The New American Encyclopaedia« hatte Marx, um seine Existenzbedingungen aufzubessern, unter großzügiger Mitarbeit von Engels, einige Artikel besonders zu militärgeschichtlichen Stichworten verfaßt, darunter auch zu jenem Namen und Ort. »Nach der Schlacht von Junin (6. August 1824)«, heißt es da, »versuchte der spanische Vizekönig General de la Serna, durch verschiedene Manöver die Kommunikationen der Armee der Aufständischen unter General Sucre abzuschneiden. Als er damit keinen Erfolg hatte, zog er schließlich seinen Gegner auf die Ebene von Ayacucho, wo die Spanier eine Verteidigungsstellung auf der Höhe bezogen hatten. Sie zählten 13 Bataillone Infanterie, dazu Artillerie und Kavallerie, insgesamt 9310 Mann. Am 8. Dezember 1824 kamen die Vorhuten beider Armeen ins Treffen, und am folgenden Tag rückte Sucre mit 5780 Mann zum Angriff vor. Die zweite kolumbianische Division unter General Cordoba griff den linken Flügel der Spanier an und brachte ihn sogleich in Verwirrung. Die peruanische Division unter General La Mar stieß am linken Flügel auf hartnäckigen Widerstand und konnte nicht vorrükken, solange die Reserven unter General Lara nicht herangekommen waren. Da der Feind nun überall zurückwich, wurde die Kavallerie zur Verfolgung eingesetzt, welche die spanische Reiterei zerstreute und die Niederlage der Infanterie vollkommen machte. Die Spanier hatten unter den Gefallenen sechs Generale und verloren insgesamt 2600 Mann an Toten, Verwundeten und Gefangenen, unter den letzteren befand sich der Vizekönig. Die Verluste der Südamerikaner betrugen: ein General und 308 Offiziere und Soldaten an Toten und 520 Verwundete, unter ihnen sechs Generale. Am nächsten Tag unterschrieb General Cantarac, an den das Kommando der spanischen Armee übergegangen war, die Kapitulation, derzufolge nicht nur er und alle seine Truppen zu Kriegsgefangenen erklärt wurden, sondern auch alle spanischen Truppen in Peru, alle militärischen Einrichtungen, die Artillerie und die Magazine sowie ganz Peru, soweit es noch in den Händen der Spanier war (Cuzco, Arequipa, Puno, Quilca etc.), den Aufständischen übergeben werden mußten. (...) Damit war die spanische Herrschaft endgültig gebrochen, und am 25. August 1825 proklamierte der Kongreß von Chuquisaca die Unabhängigkeit der Republik Bolivien.«

Gewiß werden nicht alle in Südamerika verbliebenen Abkömmlinge dieses letzten Vizekönigs, der trotz der historischen Schlappe hochgeehrt nach Spanien zurückkehrte, eine solche Distanz zu dieser Herkunft gehabt haben wie Che Guevara. Aber er stand schon von früh an mit vollem Bewußtsein auf der anderen Seite der Barrikade, und nicht Ayacucho und die Denkwürdigkeiten des vergangenen Jahrhunderts, sondern die dramatischen Kämpfe der Gegenwart Lateinamerikas bestimmten Ches Denken und Handeln, so sehr ihn die Historie fesselte und Bolivars und Sucres Beispiel ihn zeit seines Lebens inspirierte. Nie gebrauchte er seinen aristokratischen Zunamen, verleugnete ihn aber auch nicht. Und mit seiner Mutter, der er das »la Serna« verdankte, war er sich ganz und gar einig in der Verachtung jeder aristokratischen Gebärde und der Verkommenheit, Brutalität und Arroganz der Macht.

Übrigens unterzeichnete er als Notenbankchef des befreiten Kuba die Geldscheine nur mit »Che«, so wie ihn seine Mitkämpfer in der Sierra Maestra genannt hatten. Und das ist ein Wort, das er häufiger noch als andere Argentinier als Zuruf gebrauchte, und es bedeutet soviel wie: »He du« oder »Mensch«.

Der Vater des Che hatte 1927 sein Architekturstudium abgebrochen, Celia de la Serna geheiratet und war mit ihr aus Buenos Aires in die Grenzprovinz Missiones gezogen, um dort mit ererbtem Geld eine Mate-Plantage zu gründen. Der Mate-Tee, das »grüne Gold« Argentiniens, versprach sichere Einkünfte, die sich jedoch als recht unsicher erwiesen, je nachdem wie die Marktpreise schwankten und damals meist immer tiefer sanken.

Es war eine subtropische Urwaldgegend mit mehr als vierzig Meter hohen Bäumen, die das Sonnenlicht kaum durchdringen ließen, und einer in sich verschlungenen, sehr reichhaltigen Vegetation voller Sträucher, Lianen und an den Bächen und Flüssen wuchernden Farnkräutern und Schilfgewächsen. Mühselig wurde ein Stück Land urbar gemacht, zusätzlich eine Fabrik zur Teeverarbeitung in Rosario gegründet, die aber ebenso wie die Plantage bald in wirtschaftliche Schwierigkeiten geriet.

Am 14. Juni 1928 wurde Ernesto in Rosario geboren, an einer Flußkrümmung des Parana, dem Ufer des dichten, unbewohnten Dschungels von Paraguay gegenüber. »In dieser Umgebung begann Che seine ersten Schritte zu tun«, schrieb später der Vater in dem Buch über seinen Sohn: »Wegen der vielen Insekten bekleideten wir ihn immer mit einem sehr leichten Overall, der ihn vor den Stichen der Mücken und Moskitos, den Überträgern der Malaria, schützen sollte.« So saß er auch beim

Celia de la Serna hält ihren Sohn Ernesto Guevara de la Serna in den Armen. Buenos Aires, 1928

Vater auf dem Pferd, wenn der mit ihm ausritt. »Wir ritten um das Haus oder drangen manchmal bis in die Berge vor. Aufmerksam beobachtete er jede Einzelheit, die Vielfalt der Schmetterlinge in ihren verschiedenen Farben, die Vögel, die im Laubwerk Zuflucht suchten, die Bergratten, die rannten, um ein Versteck zu finden, oder eine Eidechse, die wie ein Pfeil vor dem Pferd davonschoß. All diese Eindrücke blieben ihm verhaftet, der später zu einem so vorzüglichen Kenner der Geheimnisse des Urwalds werden sollte.«

Erst einmal aber entfernte die Weltwirtschaftskrise und eine ganz neue Sorge die Guevaras aus dieser Dschungelwelt. »Am 2. Mai 1930«, so der Vater, »dieses Datum hat sich mir fest eingeprägt: Ich ging mit Celia und Ernesto zum Fluß, und wir badeten. Celia war eine gute Schwimmerin und schwärmte für das Schwimmen. Der Tag war kühl, es blies ein scharfer, kalter Wind. Plötzlich begann Tete, wie wir den Jungen nannten, zu husten und zu keuchen. Wir brachten ihn unverzüglich zum Arzt, und dieser stellte fest, daß der Kleine Asthma hatte.«

Das Asthma wurde chronisch. Die Familie entschloß sich, den größten Teil der Mate-

Pflanzung in Missiones zu verkaufen und nach Cordoba umzusiedeln, in eine Berggegend, wo nach Meinung der Ärzte am ehesten eine Linderung oder Heilung des Jungen möglich sein sollte: »Der Leidensweg unserer Familie begann. Wir brauchten ihn nur schlucken zu hören, um zu verzweifeln. Wir beide, Celia und ich, hatten weder jemals einen Asthmakranken betreut, noch Erfahrung mit dieser Krankheit. Neben den Medikamenten, die wir ihm geben mußten, verbrannten wir nachts in seinem Zimmer Andrewspapier, was damals bei dieser Krankheit empfohlen wurde. Sein Zimmer füllte sich mit Rauch, aber das Befinden des Kleinen veränderte sich nicht. Wir probierten alle möglichen Heilmittel aus: Tabletten, Sirup, Spritzen und mußten zu unserer Bestürzung feststellen, daß auch die Ärzte diesen Asthmaanfällen ratlos gegenüberstanden. Ernesto wuchs mit der Belastung dieser furchtbaren Krankheit heran, und sein Leiden belastete auch uns. Celia verbrachte Nächte damit, auf seinen Atem zu hören. Ich legte ihn auf meinen Unterleib, damit er besser atmen konnte und kam selbst kaum oder nicht zum Schlafen. Als Ernesto seine ersten Worte stammelte, waren dies die Worte: ›Papi, Spritze‹, wenn das Asthma ihn zu sehr quälte. Man kann sich vorstellen, welche Schmerzen er hatte, da man weiß, welche Angst Kinder normalerweise vor einer Spritze haben.«

Die Hoffnung, daß durch die Umsiedlung eine rasche Heilung erfolgen würde, erfüllte sich nicht. Sobald die Familie mit dem Jungen nach Misiones oder nach Buenos Aires zurückkehrte, verschlimmerte sich wieder sein Zustand. Deshalb beschloß die Familie schließlich, nach Alba Gracia, eine Bergstadt in der Nähe Cordobas, zu ziehen – und mehr als zwölf Jahre lebte man dann dort.

Der Vater nutzte seine Erfahrungen, die er bei seiner Plantagegründung und auf Baustellen gewonnen hatte, fand bei der Behörde für Grundbesitz und Hotelwesen eine Anstellung, und so wurde unter seiner Leitung im Ort ein Golfplatz angelegt. »Dort lernte Ernesto auch die Ungerechtigkeit kennen, mit der die Arbeiter behandelt wurden«, berichtete er. »Auf der einen Seite die privilegierte Bezahlung der Arbeiter auf dem Golfplatz, auf der anderen Seite die Löhne der Arbeiter in den Vororten. Der Freundeskreis Ernestos bestand in erster Linie aus Kindern der Bergarbeiter, der Handlanger auf dem Golffeld oder der Hotelkellner. Nur vereinzelt war ein Kind aus den Familien der Mittelklasse, die in den Chalets des Vorortes Carlos Pelligrini wohnte, unter den Spielfreunden. Ich erinnere mich an eine Familie, Spielkameraden Ernestos, Vater und Mutter mit sechs Kindern, die alle in einem Raum lebten, in dem es nur ein einziges Bett gab. Zum Zudecken hatten sie nur ein paar alte Lappen und Zeitungspapier. Wahrscheinlich entstand in jener Zeit Ernestos ablehnende Haltung gegenüber der ausbeutenden Klasse. Ich erinnere mich gut, daß in allen seinen Gesprächen und Spielen die Fragen des Grundproblems – des Kampfes der gesellschaftlichen Klassen – auftauchten.«

Auch die Familie Guevara blieb weiterhin nicht von finanziellen und anderen Sorgen verschont. Die noch verbliebenen Anrechte auf die Matepflanzung und anderen Grundbesitz brachten kaum noch etwas ein. Indessen hatte sich die Familie vergrößert, nach Ernesto waren noch vier Geschwister hinzugekommen. Für das »Sorgenkind« mußten nach wie vor hohe Arztrechnungen und teure Medikamente bezahlt werden, und auch mit der Schule, die Ernesto wegen erneuter heftiger Asthmafälle im ersten Jahr nicht

Ernesto im Hotel »La Gruta« in Alta Gracia., Cordoba. 1933

besuchen konnte, gab es Probleme. Die Mutter, die ihm schon zuvor das Lesen beigebracht hatte, unterrichtete ihn zu Hause. Die zweite und dritte Klasse besuchte er regulär, dann unterrichteten ihn wieder die Mutter und die Geschwister bis zur sechsten Klasse. Doch das letzte Schuljahr konnte er mit eisernem Willen, auch gestärkt durch viel sportliche Betätigung, normal am Colegia Nacional in Cordoba abschließen.

Die Eltern führten ein Tagebuch über den Gesundheitszustand ihres Sohnes Ernesto, worin nicht allzu häufig zwei »sehr gute«

Tage wie diese vom November 1938 zu verzeichnen waren:

»Dienstag, der 14.: Der Morgen ist klar und trocken. Am Nachmittag bewölkt es sich etwas, und es wird warm. Es geht ihm gut am Morgen. Er schläft bei geschlossenem Fenster. Er badet im Schwimmbecken. Er nimmt flüssige Vaseline ein. Er sonnt sich. Es wird ihm eine intravenöse Kalziumglykosespritze gegeben. Es geht ihm den Tag lang gut.

Mittwoch, der 15.: Der Morgen ist etwas bewölkt, die Luft ist trocken. Er wacht ohne Probleme auf. Er schlief bei offenem Fenster. Er geht heute nicht zum Schwimmen. Er ißt mit großem Appetit, genau wie an den vorangegangenen Tagen. Es geht ihm bis nachmittags fünf Uhr sehr gut.«

Nicht nur an den schlimmen Tagen, wenn ihm jede Bewegung schwer fiel, griff er nach Büchern. »Er las alles. Wir hatten eine große Bibliothek, einige tausend Bände, der Hauptschmuck unserer Wohnung und unser größtes Kapital. Da war die Klassik von der spanischen bis zur russischen ebenso vertreten wie Bücher über Geschichte, Philosophie, Psychologie und Kunst, Werke von Marx, Engels und Lenin,

Bücher Kropotkins und Bakunins, von den argentinischen Schriftstellern unter anderen José Hernández und Sarmiento. Ein Teil der Bücher war in französischer Sprache geschrieben. Celia beherrschte das Französische und lehrte es auch Tete. Natürlich hatte er seine Lieblingsautoren, zuerst Abenteuergeschichten, Jules Verne, Dumas, Hugo und Jack London. Später begeisterte er sich für Cervantes, Anatole France, Tolstoi, Dostojewski und Gorki. Natürlich las er auch all die lateinamerikanischen Gesellschaftsromane, die damals Aufsehen erregten, so den Peruaner Ciro Alegría, den Ekuadorianer Jorge Icaza und den Kolumbianer José Eustasio Rivera. Und die Lyrik hatte es ihm seit seiner Kindheit besonders angetan: Baudelaire, Verlaine, García Lorca, Antonio Machado, Pablo Neruda...«

Medizinstudent

Als Ernesto 1946 in Cordoba seine Abiturprüfung bestanden hatte und wegen seiner mathematischen Begabung, auch dem väterlichen Beispiel und Rat folgend, ein Ingenieurstudium aufnehmen wollte, war die finanzielle Situation der Familie so katastrophal, daß er selbst seinen Unterhalt verdienen mußte. Ein Freund des Vaters vermittelte ihm eine Arbeitsstelle bei der Straßenbaubehörde der Provinz Cordoba. Aber nur wenige Monate hielt es ihn dort, beauftragt mit Untersuchungen von Gesteins- und Materialproben, obwohl er mit der ihm eigenen Gewissenhaftigkeit die Tätigkeit ausgeübt und sich auch rasch die nötigen Kenntnisse angeeignet hatte. Er genoß zwar ein gutes Ansehen bei Arbeitern und den Chefs, konnte sich jedoch nicht mit der Korruption und dem Schlendrian abfinden, der auf den Baustellen herrschte, noch dazu, da versucht wurde, auch ihn in diese Machenschaften hineinzuziehen.

Gegen Ende 1946 schrieb er an seinen Vater: »Meine Verpflegung bereitet mir das größte Kopfzerbrechen, da sie von der Straßenbaufirma bezahlt wird, und das Ganze riecht stark nach Schmiergeld. Ich werde zwar mit dem Chef darüber sprechen, doch davon erhoffe ich mir nicht viel: er scheint selbst ein Schmiergeldbruder ersten Ranges zu sein, wie überhaupt die ganze Behörde für das Straßenbauwesen ein einziger Bestechungshaufen zu sein scheint. Der Beauftragte erzählte, daß ich der erste Laborant in zwanzig Jahren sei, den er kennengelernt hätte, der kein Schmiergeld annahm, und einer der zwei oder drei, die nicht selbst schmieren. Ihr hattet die Befürchtung, daß ich mich hier allzusehr in die Arbeit hineinkniee, und doch bin ich stolz darauf, daß ich die Firma dazu brachte, eine größere Wegstrecke zu pflastern, und im Moment bin ich dabei, einige noch ausstehende Untersuchungen durchzuführen. Wenn diese negativ ausfallen, müssen sie achtzig Zentimeter tief ausgraben und die Straße in drei Schichten pflastern, wovor sie ganz schön viel Angst haben...«

Bis zum März des folgendes Jahres war er noch bei der Aufsichtsbehörde in Bell Ville und Villa Maria tätig, wohin man ihn wegen seiner allzu exakten Kontrollen abgeschoben hatte. Gewiß sah man es nicht ungern, daß er schließlich kündigte und nach Buenos Aires zur Familie reiste, die inzwischen umgezogen war.

Seine Großmutter, an der er sehr hing, war schwer erkrankt. Sie litt an Krebs, und er pflegte sie und blieb bei ihr, versuchte ihr mit unvergleichlicher Geduld Nahrung einzuflößen, als sie nichts mehr essen und trinken wollte. Er war verzweifelt über die Hilflosigkeit der Ärzte und der Medizin, als die Mutter seines Vaters nach siebzehn Tagen, die er bei ihr verbracht hatte, in seinen Armen starb. Man sagt, daß ihn vor allem dieses erschütternde Erlebnis dazu gebracht habe, sein Ingenieurstudium aufzugeben und sich für den Arztberuf zu entscheiden. Im November 1947 ließ er sich an der Medizinischen Fakultät der Universität Buenos Aires immatrikulieren.

Auch hier mußte er sich wieder seinen Lebensunterhalt und die Studienkosten selbst verdienen, denn auch das letzte Stück der Mate-Pflanzung seiner Familie in Misiones war nun verkauft worden. Er hatte zudem den Ehrgeiz, selbst zurechtzukommen und nicht auf die Hilfe anderer angewiesen zu sein. Von seinem Vater, Studienfreunden und Geschwistern wird berichtet, daß er all dies wenig wichtig nahm und sicl um Äußerlichkeiten und äußeren Schein überhaupt nicht scherte. »Manchmal verließ er das Haus in zwei Stiefeln verschiedener Farbe oder Form«, erzählt sein Vater. »Und er behielt die Angewohnheit bei, keine Krawatte umzubinden; nur bei ganz seltenen Anlässen trug er eine: Seine ungebügelten Hosen und ein Nylonhemd vervollständigten seine Kleidung, mit der er durch ganz Buenos Aires zog.«

Um sich der ständigen Geldsorgen zu entledigen, kam er mit einem Freund auf die Idee, bei einer Versteigerung einen Posten bunt zusammengewürfelter Schuhe zu einem niedrigen Preis zu kaufen und mit Gewinn weiterzuverkaufen, allerdings ergaben nur die wenigsten davon ein regelrechtes Paar. Sie tricksten aber so viele »passende Paare« wie möglich zusammen und verkauften sogar noch eine erkleckliche Zahl »ungefährer Paare«. Den Rest – so die Saga – trug dann Che bis zum Studienende und noch darüber hinaus auf. Jedenfalls vermerkte sein Vater noch Jahrzehnte später nach all den seinem Sohn zugefallenen Ehren und Würden: »Auf vielen Fotos sieht man ihn mit irgendeiner politischen Persönlichkeit, wobei er seine Uniform und

Schnürstiefel trägt, von denen einer zugebunden, der andere halb offen ist. Manchmal hängt ihm auf den Bildern gar die Hose aus den Stiefeln.«

Mit weit mehr Ernst und größerer Hingabe widmete er sich dem Studium und anderen Tätigkeiten, die er übernahm, um neben den allernötigsten Einkünften auch zusätzlich Erfahrungen zu gewinnen. So arbeitete er als Krankenpfleger auf den Frachtern und Tankern der staatlichen Handelsflotte und erhielt eine Anstellung als Praktikant beim Städtischen Gesundheitsamt. Wichtig wurde für ihn die Bekanntschaft mit Dr. Salvador Pisani, einem weit über die Grenzen Argentiniens hinaus geachteten Allergiespezialisten. Im Labor seiner Klinik wurden Antiallergie- und Impfstoffe entwickelt und getestet, auch Injektionen zur Desensibilisierung Asthmakranker. Che, der als Patient zu Dr. Pasini gekommen war, erhielt das Angebot zur Mitarbeit in der Klinik. Bald verbrachte er die meiste Freizeit im Forschungslabor Salvador Pisanis und spezialisierte sich im Rahmen seines Studiums auf die Diagnose und Therapie von Allergien, besonders des ihn selbst nach wie vor peinigenden Asthmas.

Dabei konnte es geschehen, daß er sich in seinem Forscherdrang auf allzu gewagte Experimente einließ. Ein neu für das Labor angeliefertes schwedisches Gerät zum Zermahlen von Eingeweiden, das Pasini zum Herstellen spezieller Impfstoffe verwenden wollte, probierte Che im Alleingang aus, indem er es mit Partikeln an Infektionskrankheiten verstorbener Patienten füllte. Es fehlte jedoch eine Abdeckplatte, so daß er mit den Infektpartikeln in Berührung kam und eine lebensbedrohliche Vergiftung erlitt. Nur durch den herbeigeholten Pisani konnte er, dessen Herz schon nicht mehr regelmäßig schlug, im letzten Moment gerettet werden.

Ähnlich abenteuerlich und gefährlich verlief sein Versuch, ein Insektizid herzustellen und damit Handel zu treiben, als bei ihm wieder einmal Finanznot herrschte. Er war auf die Idee gekommen, eine Grundsubstanz »Gamexan«, die man in Argentinien zur Bekämpfung von Heuschrecken benutzte, mit jeweils der vierfachen Menge von Steinpuder zu vermischen und als Insektenmittel »Sturmwind« feilzubieten. Es wurde im Stadtviertel erfolgreich ausprobiert, unter diesem Namen patentiert und in der

Garage, die sich im Untergeschoß des Hauses der Familie Guevara befand, gemischt und in Schachteln gefüllt. Der Staub und ekelerregende Geruch durchdrang jedoch das ganze Haus, alles darin und was man aß, roch und schmeckte nach der widerlichen Chemikalie. Bald spürte auch Che am eigenen Leibe, daß sein »Sturmwind« nicht nur für Insekten, sondern auch für ihn und alle Hausbewohner höchst bedrohlich war. Er und sein Helfer erkrankten, somit war schon nach wenigen Wochen die »Chemiefabrik« und somit sein einmaliger Anlauf zum freien Unternehmertum gescheitert. Aber sein Vater beharrte zeitlebens darauf, daß es Ernesto Guevara de la Serna war, der in Argentinien zuerst »das Insektizid Gamexan« als Neuheit einführte.

Für den Sohn war anderes in dieser Zeit weitaus wichtiger. Er wurde Mitglied der »Federacion Universitaria des Buenos Aires«, einer Studentenorganisation, die von sozialistischen und kommunistischen Vorstellungen geprägt war. In den politischen Diskussionen, an denen er engagiert teilnahm, verurteilte er scharf die Willkür, Mißwirtschaft und das Militärregime Perons und anderer lateinamerikanischer Paradegenerale, die nach Laune und Opportunität Parlamente beriefen oder auseinanderjagten und Sozialdemagogie predigten, wenn es ihnen genehm erschien. Darin war er sich völlig mit seinen Eltern und vor allem der Mutter einig, die in ihm die Überzeugung gefestigt hatte, daß die bestehende Gesellschaft durch und durch verlogen, räuberisch und korrupt sei und einer neuen, menschlicheren und dem Gesamtwohl verpflichteten Politik weichen müsse.

Ernesto Guevara auf seinem Fahrrad mit Hilfsmotor, mit dem er Anfang 1950 durch den Norden Argentiniens reiste. Auf diesem Gefährt legte er über 4000 km zurück.

»Er hatte seine Leidenschaft für politische Themen entdeckt«, so die Bilanz des Vaters jener Jahre. »Niemand, der ihn sprechen hörte, konnte sich der Faszination, die von ihm ausging, entziehen. Er hatte zudem die Angewohnheit, am Anfang eines Gesprächs ziemlich langsam zu sprechen, und wurde erst im Laufe des Gesprächs, wenn es ihn erregte und erwärmte, wendiger und lebhafter. Er hatte dunkle Augen, von denen ein eigentümlicher Reiz ausging. Wenn er einen anblickte, erforschte er zugleich das Wesen seines Gesprächspartners. Dies war nicht nur mein Eindruck, sondern der vieler Menschen, die sich an seine Persönlichkeit erinnerten.«

Das Foto und der (positive) Erfahrungsbericht Guevaras wurden seinerzeit monatelang in der Werbung benutzt.

Die große Motorradreise

Schon als Che am 29. Dezember 1951 mit seinem Freund Alberto Granado zu einer Motorradreise durch den Süden Argentiniens, und nach Chile, Peru, Kolumbien und Venezuela aufbrach, schien es ihm bewußt gewesen zu sein, welche Bedeutung dieses Durchqueren des südamerikanischen Kontinents für ihn und sein weiteres Denken und Handeln haben würde. Wie auch später in allen entscheidenden Lebensetappen führte er ein Tagebuch. Dieses überarbeitete er im darauffolgenden Jahr sorgfältig und versah es mit dem Urteil: »Die Person, die diese Notizen schrieb, starb, als sie ihren Fuß wieder auf argentinischen Boden setzte, und der sie ordnete und an ihnen feilt, ›ich‹ bin nicht ich; zumindest bin ich nicht mehr dasselbe innere Ich. Dieses ziellose Streifen durch unser riesiges Amerika hat mich stärker verändert, als ich glaubte.«

Er hatte schon im Jahr zuvor eine Fahrradtour in den gebirgigen Norden über Cordoba und durch zwölf Provinzen Argentiniens unternommen. Nun sollte es zuerst südwärts und an die Ostküste gehen, wo er sich in Miramar schweren Herzens von seiner Jugendliebe Chinchina trennte, mit der er gegen den Willen ihrer schwerreichen Großgrundbesitzerfamilie heimlich verlobt war. Er schenkte ihr zum Abschied einen Hund, den er »Come back« getauft hatte, und sie gab ihm 15 Dollar, dafür sollte er ihr ein Spitzenkleid von der Reise mitbringen.

Mit Alberto Granado, einem sechs Jahre älteren Freund aus Cordoba, der bereits als Arzt in brasilianischen und argentinischen Leprastationen gearbeitet hatte und ein Motorrad besaß, ging es auf die große Reise. »Ich hatte die Nase voll von Medizinischer Fakultät, Krankenhäusern und Prüfungen«, schrieb Che auf die erste Seite seines Tagebuchs. Und der Freund hatte seine Anstellung im Leprasorium von Francisco de Chanar verloren und beklagte die miserable Bezahlung, die ihm nun anderswo geboten wurde. Sie waren schon bei der Abfahrt knapp bei Kasse, konnten sich aber auf den ersten Stationen entlang der Küste noch bei Bekannten und Verwandten freundlicher Bewirtung und Unterkunft erfreuen. Nach dem Verlassen von Necochea und mit der Fahrt westwärts ins Landesinnere, war es jedoch damit vorbei, erst recht, als es nach einer qualvollen Fahrt von mehr als vier Wochen durch Sanddünen, ödes Hügelland und wüste Waldwildnis und halsbrecherische Gebirgspfade der Anden zu den großen Seen nahe der chilenischen Grenze ging.

Die letzte heimatliche Nacht verbrachten die beiden, die in San Carlos de Bariloche mangels anderer Möglichkeiten bei der Nationalgendarmerie um Obdach ersucht hatten, in der Küche des dortigen Gefängnisses, und waren heilfroh, vor dem draußen tobenden Unwetter überhaupt ein rettendes Dach gefunden zu haben. Gerade da erreichte Che ein Brief von Chinchina, der er den Grenzort genannt hatte, und die ihm nun das Verlöbnis und ihre Liebe aufkündigte. »Ein ums andere Mal las ich den Brief, ich wollte es nicht glauben«, schrieb er ins Tagebuch. »Alle Träume, zu den Augen zurückzukehren, die mich in Miramar aufbrechen sahen, hatten sich plötzlich in Nichts aufgelöst, und das so ohne Grund...«

Am nächsten Morgen erhellte wärmendes Sonnenlicht den neuen Tag beim Verlassen der argentinischen Erde. Sie hievten das Motorrad auf die Fähre und später, der nächste See folgte nach wenigen Kilometern

Fahrt, auf eine Barkasse, wo sie sich als Helfer verdingten, um die Kosten für die Fahrt über den Lago Esmeralda zu sparen. Halbnackt und bis zu den Knien im öligen Schlamm stehend, mußten sie schuften, um den lecken Kielraum immer wieder leerzupumpen.

Unter den Passagieren waren mehrere chilenische Ärzte, die sie kopfschüttelnd beobachteten und nicht glauben wollten, daß da ein Kollege und ein angehender Kollege sich im Schweiße ihres Angesichts derart abmühten. Sie verblüfften diese vollends, als sie ihnen ein paar »gut gespickte Vorträge über die Lepraforschung« hielten. Die Kollegen von jenseits der Anden waren überhaupt nicht mit dieser Krankheit konfrontiert und hatten deshalb nicht die leiseste Ahnung davon. Freimütig bekannten sie, daß sie in ihrem Leben noch keinen Leprakranken gesehen hatten, und erzählten vom Leprasorium auf der fernen Osterinsel, wo es einige wenige Patienten gäbe. Das sei ein wunderschöner Flecken Erde, und nicht nur aus wissenschaftlichen Gründen empfahl man den beiden, der berühmten Insel unbedingt einen Besuch abzustatten. Ein Arzt bot seine Hilfe an und übergab ihnen ein

Empfehlungsschreiben an den Präsidenten der Gesellschaft der Freunde der Osterinsel, die in Valparaiso ihren Sitz hatte.

Bei der Weiterreise und den vielen Aufenthalten wegen irgendwelcher Motorradpannen oder Unwetter, waren sie bei knappster Kasse immer wieder von der herzlichen Gastfreundschaft der Chilenen überrascht, die ihnen Hilfe bei Reparaturen leisteten und Unterkunft noch in der kleinsten Hütte gewährten. Zu ihrem Ansehen bei den Leuten, denen sie auf den Straßen und in Ortschaften begegneten, den Lastwagenfahrern, von denen sie manchmal weite Strekken samt Motorrad mitgenommen wurden, den Fährleuten, Eisenbahnern und Ärzten der Krankenhäuser, wo sie stets Station machten, trug sehr ein kleiner Zeitungsartikel bei, den ein fixer Journalist geschrieben und mit ihren Fotos versehen hatte.

»Zwei argentinische Lepraexperten bereisen Südamerika mit dem Motorrad«, lautete die Überschrift »in ziemlich dicken Lettern«, wie Che in seinem Tagebuch amüsiert vermerkte. »Und danach war etwas kleiner zu lesen: Sie halten sich in Temuco auf und wollen Rapa-nui besuchen. Das kam bei unserer Dreistigkeit heraus. Wir, die Schlüsselfiguren der amerikanischen Lepraforschung, mit dreitausend behandelten Kranken und umfassender einschlägiger Erfahrung, Kenner der wichtigsten Leprazentren des Kontinents, die mit der Untersuchung der dort herrschenden hygienischen Bedingungen beauftragt waren, gaben uns die Ehre, dem pittoresken, tristen Städtchen, das uns jetzt empfing, einen Besuch abzustatten...«

Nun konnte es geschehen, daß irgendein Auto anhielt, wenn sie irgendwo am Straßenrand einen geplatzten Schlauch oder Reifen reparierten oder mit Draht beschädigte Motorradteile notdürftig zusammenflickten. »Wissen Sie, wir haben Sie wegen des Zeitungsartikels sofort wedererkannt«, hieß es dann meist. Zwei Wissenschaftlern, wie sie es seien, würden sie jederzeit gern behilflich sein. Trotzdem verhinderten diese Zuwendungen nicht, daß dem Motorrad schließlich auf einer der steil ansteigenden Gebirgsstraßen vollends die Puste ausging. Ein Lastwagen nahm sie bis zur nächsten Ortschaft mit, dort ließen sie das ausgediente Motorrad zurück. »Es war unser letzter Tag als ›motorisierte Schnorrer‹«, schrieb Che ins Tagebuch. »Jetzt aber waren wir nichts weiter mehr als zwei Landstreicher mit ihrem Bündel auf dem Rücken, die Overalls verkrustet vom Dreck der Straße.«

So ging es weiter, teils zu Fuß, teils auf Lastwagen, wenn eine mildtätige Seele sie mitnahm. Sie zogen in die Hauptstadt Santiago ein, die ihrer Meinung nach »mehr oder weniger wie Cordoba« aussah. Und so erreichten sie auch Valparaiso müden Schritts, ihre Siebensachen hinter sich herschleifend, kaum beachtet in dieser quirligen Hafenstadt, nur gelegentlich verfolgt von amüsierten oder gleichgültigen Blicken. Die Ärzte waren hier nicht sonderlich auf ein Zusammentreffen mit den beiden versessen, und auch der Traum von der Reise nach der Osterinsel zerschlug sich trotz des Empfehlungsschreibens an den Präsidenten der Freundesgesellschaft: Angeblich fuhr im nächsten halben Jahr kein einziges Schiff dahin.

Ein Gastwirt »von grenzenloser Barmherzigkeit« nahm sie aber bei sich auf und beköstigte sie mehrere Tage, ohne einen einzigen Centavo zu verlangen. »Heute dir, morgen mir«, war seine Devise, und in dem Sinne bat er auch Che, nach einer asthmakranken alten Frau zu sehen, die sich sonst keinen Arzt leisten konnte.

Nachdenklich und tief erschüttert, weit ausführlicher als über Wegstrecken und Landschaften von hunderten Kilometern, notierte Che über diesen Besuch im Tagebuch: »Die Arme konnte einem leid tun, ihr Zimmer verströmte diesen scharfen Geruch nach saurem Schweiß und ungewaschenen Füßen, vermischt mit dem Staub von ein paar alten Lehnstühlen, die alles waren, was es im Haus an Möbeln gab. Zu ihrem schweren Asthma kam eine regelmäßige Dekompensation des Herzens hinzu. Dies sind die Fälle, da sich ein Arzt seiner ganzen Ohnmacht gegenüber dem sozialen Milieu bewußt wird, er wünscht sich eine Änderung der Verhältnisse, etwas, was die Ungerechtigkeit beseitigt, die dafür sorgt, daß diese arme alte Frau bis vor einem Monat als Serviererin arbeiten mußte, um ihren Lebensunterhalt zu verdienen, sie hat sich halbtot geschuftet, aber im Leben immer eine aufrechte Haltung bewahrt. Es ist die Anpassung an das soziale Milieu, die dazu führt, daß bei den Armen einem Familienmitglied, das nicht mehr in der Lage ist, für den eigenen Lebensunterhalt aufzukommen, eine Atmosphäre kaum verhüllter Verbitterung entgegenschlägt. In diesem Moment hört man auf, Vater, Mutter, Bruder oder Schwester zu sein, um sich in einen negativen Faktor im Kampf ums Überleben zu verwandeln, der den Groll der Gemeinschaft der Gesunden auf sich zieht. Sie werfen dem kranken Familienmitglied die Krankheit vor, als sei sie eine persönliche Beleidigung derjenigen, die für seinen Unterhalt sorgen müssen. Dort, in diesen letzten Momenten von Menschen, deren Horizont nie über den nächsten Tag hinausging, erfährt man die Tragödie, in der das Leben des Proletariats der ganzen Welt gefangen ist. In diesen brechenden Augen liegt eine unterwürfige Bitte um Verzeihung und oftmals auch eine verzweifelte Bitte um Trost, die sich im Leeren verliert... Viel kann ich für die Kranke nicht tun: Ich empfehle ihr eine halbwegs vernünftige Diät und verschreibe ihr ein harntreibendes Mittel sowie ein Pulver gegen Asthma. Ich habe noch ein paar Dramamina-Pastillen bei mir, die ich ihr schenke. Als ich gehe, verfolgen mich die dankerfüllten Worte der Frau und die gleichgültigen Blicke der Familienangehörigen.«

Das schrieb ein dreiundzwanzigjähriger Student, der noch ein gutes Dutzend Prüfungen abzulegen hatte, ehe er sich Arzt nennen konnte. Und doch deuten sich hier schon die Gründe an, warum er sich wenig später dafür entschied, diesen so sehr erstrebten Beruf aufzugeben und sich voll und ganz dem revolutionärem Kampf zur Beseitigung dieses himmelschreienden Elends zu widmen, dem er gerade auf dieser Reise allerorten begegnete.

Als blinde Passagiere, um das Durchqueren der Wüste Atacama zu vermeiden, gelangten sie auf einem Schiff bis Antofagasta; jedoch weiter in den Norden, zu den Leprastationen wie vorgesehen, vorerst nicht. Sie hatten erneut heimlich ein Schiff bestiegen und sich unter einer Ladung Melonen versteckt, jedoch vor Hunger derart viel davon verspeist und die Schalen ins Wasser geworfen, daß sie entdeckt und unter wüsten Flüchen und Beschimpfungen von Bord gewiesen wurden. Kurz entschlossen änderten sie ihre Pläne und warteten auf der ausgedörrten Straße nach Chuquicamata auf eine günstige Gelegenheit, um mit irgendeinem Gefährt zu den dortigen Kupferminen mitgenommen zu werden.

Auf der Hälfte des Weges setzte sie ein kleiner Laster in dem Dorf Baquedano ab, als es schon dämmerte. Dort saß auch ein chilenisches Arbeiterehepaar wartend am Straßenrand, sie waren Kommunisten, mit denen Che und sein Freund beim Schein einer Kerze Mate tranken, Brot und Käse aßen und rasch ins Gespräch kamen. Der Arbeiter erzählte, daß er wegen seiner politischen Ansichten drei Monate im Gefängnis war, nun mit seiner Frau herumzog, um irgendwo Arbeit zu finden, mildtätige Nachbarn hatten sich ihrer Kinder angenommen, die sonst verhungert wären. Sie wollten versuchen, in die Schwefelminen der Anden zu gelangen. »Dorthin«, so Che, »wo das Klima so rauh und die Lebensbedingungen so hart sind, das man kein Arbeitsbuch braucht und niemand fragt, welche politischen Ideen man hat. Das einzige, was zählt, ist die Bereitschaft des Arbeiters, im Tausch gegen ein paar Brosamen, die ihn nicht völlig verhungern lassen, seine Gesundheit zu ruinieren.«

In den Kupferminen von Chuquicamata, die Che mit dem Freund am nächsten Tag erreichte, trafen sie auf »die Herren, die unverschämten und tüchtigen blonden

Verwalter, die mit ihren paar Brocken Spanisch« gleich klarmachten, daß sie keineswegs geneigt seien, hier gründlichere Einblicke zu gestatten. Der letzte Streik lag ihnen noch auf dem Magen, Tausende Pesos hätte ihnen jeder Tag gekostet, weil sie sich weigerten, den Arbeitern ein paar Centavos mehr zu zahlen. Darüber schimpfte ein Angestellter, der »treue Hund der Yankee-Herren«, von dem sie aber wenigstens in die Nähe des Tagebaus, zu einem kupferhaltigen Berg, geführt wurden, in dessen riesige Masse jeweils zwanzig Meter hohe Terrassen geschnitten waren. »Viele Leute wie Sie fragen mich nach technischen Dingen, doch es ist selten, daß sich jemand dafür interessiert, wie viele Menschenleben das alles gekostet hat«, sagte dort ein Werkmeister zu ihnen und bedauerte, darüber keine Auskunft geben zu können. Und vom Direktor der Mine selbst, den Che nach den Entschädigungen für die Familien der Tausenden von Arbeitern fragte, die auf dem Friedhof des Ortes begraben lagen, erhielt er nur ein Schulterzucken zur Antwort.

Die endlosen Kilometer bis nach Arica, dem Grenzort zu Peru, ihrem nächsten Ziel, waren ein ständiges Auf und Ab von wüstenartigen Hochebenen hinunter in Täler, wo sie manchmal ein Rinnsal, kümmerliches Grün und ein paar Bäumchen fanden. Tagsüber war es drückend heiß, nachts empfindlich kühl. Wenn sie kein Lastwagen mitnahm und sie kein Obdach fanden, war kaum an Schlaf zu denken, obwohl sie sich Feuer anzündeten und in Decken wickelten. Oft trieb sie die schneidende Kälte mitten in der Nacht hoch, halb erfroren, matt und müde, ging es weiter.

Die erste Nacht, die sie auf peruanischer Erde nach dem Passieren des Guardia-Civil-Postens am Straßenrand verbringen mußten, war eher noch eisiger und katastrophaler. So hatten sie in der Folge keinerlei Skrupel, wenn sich die wachsame Guardia Civil ihrer annahm, in die Dienstautos oder auf Lastwagen zu steigen und des Nachts bei Polizeiposten, in Kasernen oder irgendwelchen Garagen oder Schuppen einquartiert zu werden. Schließlich suchten sie selbst, war anders kein Weiter- und Unterkommen möglich oder kein hilfsbereiter Arztkollege erreichbar, die Guardia auf; nur in den seltensten Fällen fanden sie keine Beachtung und nicht irgendeine Schlafecke unterm Polizeidach.

Auf diese Weise, zuletzt tagelang mit Indios auf einem Laster unterwegs, mühsam um Gespräche und Verständnis bemüht, kamen sie nach Cuzco, die vollkommen von Bergen umgebene Inka-Stadt. »Ein nicht greifbarer Staub von Jahrhunderten liegt über Cuzcos Straßen und steigt auf als wabernder Morast, wenn man seinen Grund betritt«; schrieb Che ins Tagebuch. »Das alles ruft die Erinnerung an die Zeiten vor der spanischen Eroberung wach. Doch was wir da vor uns haben, ist nicht mehr das stolze Volk, das sich immer wieder gegen die Herrschaft des Inka auflehnte und ihn zwang, an diesen Grenzen ständig ein Heer zu unterhalten: Es ist ein besiegtes Volk, das uns durch die Straßen des Ortes laufen sieht. Die Blicke dieser Menschen sind zahm, fast ängstlich und völlig gleichgültig gegenüber der Außenwelt.«

Aber er nannte diesen Ort im gleichen Atemzug »Nabel der Welt«, und es war wohl nicht nur eine Laune, daß er mehr als ein Jahrzehnt später Tamara Bunke in die Inka-Stadt schickte, ehe sie zur Vorbereitung des Guerillakampfes ihm voraus nach Bolivien reiste. Fasziniert von den Zeugnissen »der mächtigsten eingeborenen Zivilisation

Amerikas« in Cuzco und Machu Picchu, der heiligen Stätte und letzten Widerstandsbastion der Inkas, bekannte er: »Als wir durch die Ruinen schlendern, fühlen wir uns in gewisser Weise mit dem Geist der ehemaligen Bewohner identifiziert, mit dem unbezwingbaren Manco dem Zweiten, der erst nach heftigen Kämpfen von den spanischen Truppen Pizarros besiegt worden ist.«

Hier half ihnen ein Arzt, Dr. Hermosa, dem genügte, von Albertos Tätigkeit in einigen der bekanntesten Leprastationen zu hören – er stellte ihnen sein Auto mit Fahrer zur Verfügung, ermöglichte ihnen die Reise zu den sagenhaften Inkaheiligtümern von Machu Picchu, den Zugang zur Bibliothek und zum archäologische Museum, wovon besonders Che eifrig Gebrauch machte, der viele Stunden beim Lesen historischer Schriften dieses »Weltnabels« verbrachte.

Die weitere Reise führte sie tief ins Gebirge hinein, zu dem kleinen Leprahospital Huambo, von dem Che nach kurzem Aufenthalt meinte: »Die Leute, die hier arbeiten, leisten eine stille, wohltätige Arbeit; der allgemeine Zustand ist katastrophal, in einer kleinen Kolonie von einem Viertelhektar, wovon zwei Drittel den Kranken vorbehalten sind, spielt sich das Leben dieser zweiunddreißig Verurteilten ab, die ihrem Tod (zumindest denke ich das) mit Gleichgültigkeit entgegensehen.«

Das Asthma setzte ihm in dem feucht-heißen Klima heftig zu, mehrere Tage war er selbst Patient in einem Krankenhaus. Nach leichter Besserung und Fahrten mit Lastern, Ritt auf geborgten Pferden und Fußmärschen passierten sie jenes berühmte Ayacucho – den schon erwähnten Schicksalsort des Ahnherrn de la Serna – und kurz vor Lima den höchsten Punkt der Bergstraße: 4853 Meter über dem Meeresspiegel. Zu einem der Hauptziele ihrer Reise, der Leprastation San Pablo, brachte sie schließlich eine mehrtägige Bootsfahrt auf dem Amazonas. »Die Lepra hat mich völlig in ihren Bann gezogen, und ich weiß noch nicht zu sagen, wie lange meine Begeisterung anhält«, schrieb Che an den Vater. »Abschiedsszenen wie die, die uns die Kranken auf der Leprastation bei Lima bereiteten, spornen dazu an weiterzumachen. Sie haben uns einen Primus-Kocher geschenkt, unter den Kranken insgesamt 100 Soles gesammelt, was angesichts ihrer finanziellen Situation eine unwahrscheinliche Summe ist, und sich von uns mit Tränen in den Augen verabschiedet. Teilweise beruht diese Zuneigung in der Selbstverständlichkeit, mit der wir uns den Kranken ohne Arztkittel oder Handschuhe näherten, uns mit ihnen über Alltägliches unterhielten oder mit ihnen Fußball spielten. Vielleicht erscheint Dir dies wie eine Kameradschaft ohne Sinn und Ziel, aber der psychologische Effekt für einen jeden dieser Kranken, die wie wilde Tiere behandelt werden, ist enorm.«

In San Pablo hielten sie sich zwölf Tage bei regnerischem Wetter auf, freudig von den Ärzten und Patienten aufgenommen, beim Abschied wieder gefeiert und beschenkt mit Verpflegung für einen Monat: Butter, Käse, Würsten und Fleisch in Dosen, Erbsen, Mehl, Linsen, Bananen, Eiern, zwei Hühnern sowie einer Petroleumlaterne und Moskitonetzen. Überdies hatten ihnen die Kranken zur Weiterfahrt auf dem Amazonas ein Floß von zwei Meter achtzig Länge aus zwölf mit Lianen verbundenen Baumstämmen gebaut, das die beiden dann auch stromabwärts trug – zur kolumbianischen Hafenstadt Leticia und damit ins vorletzte Land ihrer Reise.

In Kolumbien herrschte zu dieser Zeit ein diktatorisches Regime, das mit brutaler

Gewalt gegen die sich auflehnenden Bauern vorging. Die Polizei patrouillierte in den Straßen mit geschultertem Gewehr und fragte alle Augenblicke nach den Pässen. Mit Terror und Mord wurde die Opposition verfolgt, die Gefängnisse waren mit politischen Häftlingen überfüllt. Nur weil Che bei einem Fußballturnier in Leticia, an dem er mit seinem Freund wie schon andernorts erfolgreich teilgenommen hatte, beim Absingen der Nationalhymne den Mund nicht auftat und sich nach seinem blutenden Knie bückte, schrie ihn ein Polizeioberst an, und es kam zu einem Tumult, um ein Haar zur Verhaftung. Die erfolgte dann in Bogota aus einem noch läppischeren Grund: Nur weil sie sich mit einem Messer eine Orientierungsskizze in den Sand gezeichnet hatten, wurden sie festgenommen, durch mehrere Polizeistationen der Hauptstadt geschleift

Ernesto neben seinem Freund Alberto Granado auf dem Floß »Mambo Tango«, mit dem sie von der Kolonie San Pablo Richtung Kolumbien reisten. 1952

und erst freigelassen, als sich Studenten und die argentinische Botschaft ihrer annahmen. Aber binnen 48 Stunden hatten sie das Land zu verlassen.

Am 17. Juli 1952 erreichten sie trotz allem glücklich ihr Endziel: Caracas, die Hauptstadt Venezuelas. Hier blieb Che nur wenige Tage und schrieb launig an die Eltern, ehe er sich zur Heimkehr entschloß: »Ungeklärt sind noch unsre nächsten Reiseziele. Wir wissen nicht, ob wir über Panama nach Mexiko reisen oder uns direkt nach Indien wenden.« Aber sein Freund, Dr. Alberto Granado, erhielt eine Anstellung als Biochemiker am Leprainstitut in Caracas und beschloß, dort Anker zu werfen. Che hingegen erhielt unverhofft durch einen fernen Verwandten die Möglichkeit, per Flugzeug mit einem Rennpferd-Transport über Miami zurück nach Buenos Aires zu reisen, um da seine restlichen Prüfungen und das Examen abzulegen. Danach, versprach er dem Freund, würde er nach Venezuela zurückkehren und mit ihm im Leprahospital arbeiten.

Eine »Bemerkung am Rande«, eine zuvor nicht erwähnte Begegnung, ins Halbdunkle und Nebelhafte gerückt, ohne wie sonst

Ort, Zeit oder Namen zu nennen, steht ahnungsvoll und als Ausrufungs- wie Fragezeichen am Ende von Ches Tagebuch: »Das Gesicht des Mannes verlor sich im Schatten, einzig das Funkeln seiner Augen und das Weiß seiner vier Vorderzähne traten hervor. Ich weiß noch immer nicht, ob es die Atmosphäre war oder die Persönlichkeit des Mannes, die mich für die Offenbarung empfänglich machte, ich weiß aber, daß ich die angeführten Argumente schon oft aus dem Mund verschiedener Leute gehört hatte, und sie hatten mich nie beeindruckt. In jungen Jahren war dieser wirklich interessante Mann aus einem europäischen Land geflohen, um dem Holzhammer des Dogmatismus zu entgehen. Er kannte den Geschmack der Angst (eine der wenigen Erfahrungen, die einen den Wert des Lebens spüren lassen), dann zog er von Land zu Land und durchlebte tausend Abenteuer, bis er in dieser abgeschiedenen Gegend Wurzeln schlug, und hier wartete er nun auf den Moment des großen Ereignisses. Nach den trivialen Sätzen und den Gemeinplätzen, mit denen jeder seine Position darlegte, als sich die Diskussion schon in die Länge zog und wir drauf und dran waren auseinanderzugehen, bemerkte er mit demselben schelmischen Lachen, das ihn nie verließ und bei dem seine schiefstehenden Schneidezähne zum Vorschein kamen: ›Die Zukunft gehört dem Volk, und Stück für Stück oder mit einem Schlag wird es hier und auf der ganzen Welt die Macht erobern. Das Schlimme ist, daß man es erziehen muß, und das kann man nicht vorher tun, sondern erst, wenn die Macht erobert ist. Das Volk wird sich aber nur erziehen lassen, indem es aus seinen eigenen Fehlern lernt, die sehr ernst sein werden. Mag man es Schuld oder Unschuld nennen, es bedeutet jedoch eine riesige Sünde wider die Natur, nicht die Fähigkeit zu besitzen, sich anzupassen. Sie alle, all die Nichtangepaßten, Sie und ich zum Beispiel, werden sterben und dabei die Macht verfluchen, zu deren Schaffung sie unter Opfern, manchmal riesigen Opfern, beigetragen haben. Denn die Revolution, so unpersönlich wie sie ist, wird ihnen das Leben nehmen, und sie wird sogar die Erinnerung, die von ihnen bleibt, als Exempel und Instrument benutzen, mit der sie die heranwachsende Jugend im Zaum hält...‹«

Heimkehr und neuer Abschied

Im September 1952 kehrte der nun vierundzwanzigjährige Ernesto Guevara nach Buenos Aires zurück. Er wollte bis zum Mai 1953 sein Medizinstudium beenden und stürzte sich im Wettlauf mit der Zeit schon wenige Tage nach seiner Heimkehr wieder in die Arbeit. Schon im November legte er die Prüfungen in Augenheilkunde, Urologie und Dermatologie ab; im Dezember bis Anfang des nächsten Jahres folgten: Pathologie, Gynäkologie, und klinische Tuberkulose sowie Infektionskrankheiten, Orthopädie, Gerichtsmedizin, Hygiene und Sozialmedizin, Chirurgie und zuletzt Neurologie. Seine Dissertation schrieb er über Allergien, und im März erhielt er die Doktorwürde der Medizinischen Fakultät von Buenos Aires und das Diplom als Chirurg sowie als Facharzt für Dermatologie.

»Hier spricht Doktor Ernesto de la Serna«, so meldete sich Che bei seinem Vater und betonte freudig das Wort »Doktor«, als es geschafft war. Sich selbst, aber auch der Familie und der Braut, der er doch noch das 15-Dollar-Spitzenkleid mitgebracht und Versöhnung angeboten hatte, glaubte er diese Kraftanstrengung nach der langen abenteuerlichen Reise schuldig gewesen zu sein. »Wir freuten uns schon darauf, daß wir nach der letzten Prüfung mehr von Ernesto hätten und er in unserer Nähe wäre«, so sein Vater. »Wir hofften, er vergäße die Reisen durch die Welt und arbeitete statt dessen in Dr. Pisanis Klinik, wo er seine Studien weiterführen könnte. Wir glaubten an eine brillante Karriere als Wissenschaftler, mit der Möglichkeit, das Problem Asthma gründlich zu erforschen. Schließlich hatte er mit Dr. Pisani mehrere wissenschaftliche Aufsätze geschrieben.«

Aber diese Hoffnungen der Familie erfüllten sich nicht. Schon wenige Tage, nachdem Che das Arztdiplom erhalten hatte, kündigte er an, daß er nicht daran denke, in Buenos Aires oder irgendwo in seinem Heimatland eine gewöhnliche Arztlaufbahn zu beginnen. Ihm lag ein Angebot aus Caracas vor, wo Freund Alberto auf ihn wartete, das ihm ein Monatsgehalt von 800 Dollar garantiert hätte. Aber Chinchina, seine Verlobte, war nicht bereit, dahin oder sonstwohin mitzukommen. Eine letzte Aussprache im Herrenhaus der Maria de la Carmen

Ferreyra – so der Aristokratenname – führte zur endgültigen Trennung.

So packte er bald wieder seine Koffer und suchte soviel Geld zusammen, daß es wenigstens reichte, außer Landes zu kommen. Diesmal war Bolivien sein erstes Reiseziel, was bekanntlich auch das letzte seines Lebens war – eine noch weitaus folgenreichere Reise begann. Mit dem Zug fuhr er an einem grauen, kalten Julitag los, Mutter, Vater, Geschwister und Freunde hatten sich schweren Herzens von ihm auf dem Bahnsteig verabschiedet. Sein Vater berichtete, er sei noch einige Meter neben dem anfahrenden Zug hergelaufen und habe gehört, wie sein Sohn rief, während er den Reisebeutel über seinem kurzgeschorenen Kopf schwang: »Hier fährt ein Soldat Amerikas ab!«

Es war ein »Milchexpreß«, wie man in Argentinien die Züge nannte, die an jeder kleinen Station hielten, um die Milchkannen der Bauern einzuladen. Zu einer komfortableren oder weiteren Reise reichte das Geld nicht, und bei der Ankunft in La Paz hatte Che nur wenige Centavos in der Tasche. Bolivien war eines der wenigen lateinamerikanischen Länder, das er noch nicht kannte, und nach 178 vorausgegangenen Umstürzen und Revolutionen hatte im April desselben Jahres die 179. Revolution in diesem Land eine Gruppe von »Nationalrevolutionären« unter Führung Paz Estensorros an die Macht gebracht. Bergleute und Bauern hatten den Aufstand unterstützt, eine Agrarreform wurde in Angriff genommen und die Zinngruben nationalisiert. Dies mag vielleicht auch für Che ein Grund zur Wahl dieses Reisezieles gewesen sein.

Er traf zahlreiche argentinische Emigranten, die vor dem Peron-Regime geflüchtet waren, so den Politiker und Rechtsanwalt Rojo und einen schwerreichen Oppositionsdeputierten, der ihn gelegentlich auf seine Villa einlud und mit Vertretern der neuen bolivianischen Regierung zusammenbrachte. Ihm wurden Fahrten in Bergarbeitersiedlungen und Indianerdörfer ermöglicht, einige Zeit war er sogar in der Verwaltung für Information und Kultur sowie im Amt für die Agrarreform tätig. Dabei sah er bald, daß die an die Macht gekommenen bürgerlichen Politiker die Revolution eher bremsten als vorantrieben und selbst in Finanzmachenschaften und Spekulationen verstrickt waren. Besonders widerte ihn an, wie sie vor Washington katzbuckelten und den enteigneten ausländischen Bergwerks- und Argrargesellschaften hohe Abfindungen zahlten. Die Arbeiter hingegen erhielten als Zeichen des Besitzwechsels lediglich Almosen: ein einmaliges Geldgeschenk. Und die Indianer, die Ureinwohner des Landes, blieben nach wie vor unbeachtet in ihrer elenden Lage und fristeten ein erbärmliches Dasein. »Sie werden den Indios DDT gegen die Läuse geben«, stellte Che mit Bitterkeit fest, »aber das löst nicht die wesentlichere Frage nach der Ursache der Läuse...«

Rojo wollte nach Guatemala, wo der Oberst Jacobo Arbenz Guzmán durch die Wahl an die Macht gekommen war und mit der Enteignung der nordamerikanischen »United Fruit Company« einen anscheinend konsequenteren revolutionären Kurs einschlug. Che war skeptisch und zögerte noch, ob er nach Caracas oder Guatemala weiterreisen sollte, fuhr aber dann mit Rojo und dem argentinischen Studenten Feller in Richtung Norden. Er machte erst einmal in Tiahuanaco und Sacsahuaman in der Nähe des Titicacasees Station und besichtigte und fotografierte die Ruinen der indianischen Kultstätten. Wie schon bei der vorigen

Reise in Peru faszinierten ihn die sagenhaften Altertümer des Kontinents, allerlei archäologische Hypothesen spukten in seinem Kopf, und noch unterwegs befaßte er sich mit der einschlägigen Literatur und schrieb Zeitschriftenartikel über seine Eindrücke und Ansichten, die ihm zudem ein paar Pesos für den dringendsten Unterhalt einbrachten.

An der Grenze zu Peru wurde Che festgenommen, weil er Bücher und Broschüren über die bolivianische Revolution bei sich trug. Das genügte, um ihn hier, wo indessen der Diktator Odria drakonisch regierte, für einen gefährlichen politischen Agitator zu halten. Ihm wurden alle »verdächtigen« Schriften abgenommen, doch er kam frei und konnte nach Lima reisen, wo er Rojo wiedertraf. Jetzt war er sich mit ihm einig, so bald wie möglich in Richtung Norden aufzubrechen. »Gefragt ist jetzt Guatemala, Alter«, drängte Rojo erneut. »Dort gibt es eine wichtige Revolution, man muß sie sehen.«

Sehen wollte Che, doch nun wußte und wollte er schon mehr. Er verkaufte alle überflüssigen Kleidungsstücke, um das Fahrgeld aufzubringen, und steckte in seine alte

Sportjacke mit den weiten Ärmeln das Allernötigste: Asthmapumpe, Proviant und ein paar Empfehlungsschreiben, darunter auch eines von Salvador Allende, dem er begegnet war, an einen sozialistischen Rechtsanwalt in Ecuador. Zu ihm reisten sie, er half ihnen und beschaffte Gratis-Schiffskarten für einen Bananentransporter der »United Fruit Company« nach Panama, immerhin in die Nähe des jetzt gesteckten Ziels. (»Die ›United Fruit‹ beförderte also einen ihrer späteren unnachgiebigsten Gegner gratis«, erregte sich schon Ches erster westdeutscher Biograph Elmar May.)

So gelang es jedenfalls Che, sich gegen Ende des Jahres 1953 trotz äußerster Finanznot weiter per Anhalter und zu Fuß über Kostarika, wo er zum erstenmal mit Kubanern aus dem Kreis von Fidel Castro zusammentraf, und über El Salvador und Nicaragua nach Guatemala durchzuschlagen. Am 5. 1. 1954 schrieb er aus dem argentinischen Konsulat von Guatemala-City an seine Familie: »Dies ist ein Land, wo man sich die Lungen weiten und mit Demokratie füllen kann...«

Es war eine unerhörte Tatsache für den Kontinent, daß die Regierung Arbenz ein

Gesetz über eine konsequente Agrarreform im Parlament und die Enteignung von mehr als 500000 Hektar Latifundien, davon 160000 der United Fruit Company, und eine Verdoppelung des Lohnes der Landarbeiter durchgesetzt hatte. Jacobo Arbenz, ein Berufssoldat und im Herbst 1950 mit überwältigender Mehrheit zum Präsidenten gewählt, wurde von den bürgerlich-demokratischen Parteien und auch von der erst 1949 gegründeten Kommunistischen Partei der Arbeit unterstützt, doch war selbst keinesfalls Kommunist. Aber die USA hatten, als Che dort eintraf, bereits eine wüste Haßpropaganda gegen die Reformpolitik des kleinen Landes entfesselt. »Guatemala – der rote Vorposten in Mittelamerika«, »Das karibische Meer – ein kommunistisches Gewässer«, so lauteten die Schlagzeilen. Und der US-Botschafter John Perifoy konstatierte in der Zeitschrift »Time« ultimativ: »Die Vereinigten Staaten können nicht dulden, daß zwischen Texas und dem Panamakanal eine Sowjetrepublik entsteht.«

Wenn auch die rüde Hetze weit an der Realität des um seine Unabhängigkeit ringenden kleinen Landes vorbeiging, es waren keine leeren Drohgebärden, schon bereitete sich im benachbarten Honduras eine Söldnertruppe mit US-Ausbildern, Waffen und Dollars auf eine militärische Intervention vor. In dieser gespannten Lage engagierte sich Che nur desto stärker für die Kräfte, die mit Entschiedenheit die guatemaltekische Revolution verteidigten und jegliche Einmischung der USA zurückwiesen. Zu dem Kreis, mit dem er leidenschaftlich die politische Entwicklung diskutierte, gehörten wiederum Flüchtlinge, die mit Castro am Sturm auf das Moncada-Fort in Santiago de Cuba teilgenommen hatten, auch Studenten und Oppositionspolitiker aus vielen anderen lateinamerikanischen Ländern, die den dramatischen Geschehnissen nicht tatenlos zusehen wollten. Hier lernte Che auch die Studentin Hilda Gadea kennen, mit der er sich verlobte – eine Mestizin aus Peru, die vor den Verfolgungen der Odrea-Diktatur geflüchtet war und nun in Guatemala am Staatlichen Institut für Wirtschaftsentwicklung arbeitete. Sie sei es gewesen, »die Ernesto endgültig zum Kommunismus führte«, orakelten schon zur Zeit der kubanischen Revolution die Sensationspresse und mancher Biograph. »Ein Typ, wie Che sich ihn wünschte: ungekünstelt, ungebunden, proletarische Bohemienne und ein Mädchen, das eine harte Jugend hinter sich hatte und Entbehrungen mit ihm teilen konnte«, schrieb Daniel James, Ches erster US-Biograph, über sie. Und sie selbst über ihre politische Haltung jener Jahre: »Heute sind wir Demokraten; man sagte und sagt, wir seien Kommunisten, weil wir zugunsten des Volkes Unterdrückung und Diktaturen bekämpfen. Wenn das Kommunismus ist, sind wir Kommunisten.«

Obwohl Che mehrmals die guatemaltekischen Behörden bat, ihm eine Aufgabe im Dienst der Revolution zu übertragen, kam es nicht dazu. Er erklärte sich sogar bereit, in das abgelegenste Gebiet des Landes, in die Urwälder von Peten, zu gehen und in den Indianergemeinden als Arzt zu arbeiten, sah sich jedoch schier unüberwindlichen bürokratischen Hindernissen gegenüber, die seine Angebote und Pläne schließlich sämtlich zunichte machten. Zeitweise war er gezwungen, sich als Fotograf und Artikelschreiber zu betätigen, um für seinen Lebensunterhalt aufkommen zu können und nicht auf Hilfe anderer angewiesen zu sein. Oder er ging als Hausierer von Tür zu Tür und bot Bücher feil, dies auch aus dem

Grund, wie seine Freunde später erzählten, um abends und nachts die nicht verkauften Klassiker der Literatur, Philosophie, Politik und Wissenschaft – darunter sehr viel Cervantes, Goethe, Kant, Hegel, Marx, Lenin und Alleraktuellstes – zu lesen. An die Mutter schrieb er nach mehr als viermonatigem Aufenthalt im Mai 1954 einen Brief, der das Vordergründige kleinredet und die Hintergedanken groß: »In Guatemala könnte ich sehr reich werden, eine Klinik gründen und mich der Allergieforschung widmen (hier bin ich umgeben von Kollegen, die auch an Asthma leiden). Aber wenn ich dies täte, wäre dies der größte Verrat an den beiden Ichs, die in mir kämpfen, dem Sozialisten und dem Reisenden...«

Hilda Gadea und Che.
Chichén Itzá, Mexiko, 1956

Einen Monat darauf drangen die Söldnertruppen des Putsch-Obristen Castillo Armas von Honduras aus ins Land und besetzten einige Grenzsiedlungen. Es waren 800 Mann, darunter nur 200 Guamalteken, vor denen die Regierungstruppen zurückwichen, da Arbenz auf eine friedliche Lösung durch den angerufenen UN-Sicherheitsrat hoffte. Als jedoch von dorther keine wirksamen Sanktionen erfolgten, wurde im Land der Ruf nach entschlossener Gegenwehr immer lauter. Die Armee erhielt schließlich den Befehl zum Gegenangriff und vertrieb binnen weniger Tage die Söldnerbanden vom Territorium der Republik. Das ließ jedoch in Washington die Alarmglocken schrillen, und so wurde in altbekannter Manier ein Militärputsch inszeniert, der Ende Juni zum Sturz des Präsidenten Arbenz und seiner Flucht ins Ausland führte. Begrüßt und bejubelt von den »Contras« aller Schattierungen, dem Erzbischof und dem US-Botschafter zog der neugebackene Diktator an der Spitze seiner Söldnerbanden in die Hauptstadt ein, wo bereits die Erschießungen von ehemaligen Anhängern des verjagten Präsidenten begonnen hatten.

Che war zum Zeugen einer von den USA inspirierten Konterrevolution geworden. Er hatte sein Ansehen und den Einfluß, den er sich inzwischen in den revolutionären Kreisen erworben hatte, genutzt und dazu aufgerufen, die Arbeiter und Bauern zu bewaffnen und eine Volkswehr zu schaffen, doch kein Gehör gefunden. Dann bat er darum, ihm eine Waffe zu geben und ging in das Kampfgebiet, aber die Regierungstruppen waren schon durch den Verrat höherer Armeeoffiziere in Auflösung begriffen. Daraufhin schloß er sich den Luftabwehrgruppen der Stadt an, leistete Wachdienst und Hilfe bei Bränden und Bombeneinschlägen und transportierte noch für die letzten Verteidiger der Hauptstadt Munition. »Als die nordamerikanische Intervention begann, versuchte ich eine Gruppe ebenso junger Leute, wie ich es war, zusammenzubringen, um den Abenteurern der ›Fruit‹ eine Abfuhr zu erteilen. In Guatemala war es notwendig zu kämpfen, aber fast niemand kämpfte«, sagte Che vier Jahre später einem nordamerikanischen Journalisten in der Sierra Maestra.

Durch die Söldnertruppe, die mit einem Schwarm CIA-Agenten einrückte, drohte ihm die sofortige Verhaftung und Hinrichtung, denn er war auf die Liste der »gefährlichen Kommunisten« gesetzt worden. Dem argentinischen Botschafter, der davon erfuhr und ihn von der Gefahr unterrichtete, war es zu danken, daß er mit einigen befreundeten Kubanern in die Botschaft flüchten konnte. Er schrieb dort einen längeren Zeitungsartikel: »Ich habe die Regierung Jacobo Arbenz fallen gesehen« und am 7. August 1954 an die Mutter: »Hier habe ich meine Angelegenheiten erledigt und werde nun nach Mexiko gehen.«

Die Bilanz dieser Etappe seines Lebens zog er sechs Jahre später, vor kubanischen Milizsoldaten, am 19. 8. 1960 in Havanna: »Ich wollte damals einfach Erfolg haben. Ich träumte, ein berühmter medizinischer Forscher zu werden; ich träumte davon, unermüdlich zu arbeiten, um etwas zu entdecken, das wohl der Menschheit nützen könnte, mir jedoch zu glänzendem Erfolg verhelfen sollte. Ich war, wie wir alle, ein Kind meiner Umwelt. Nach Universitätsabschluß, auf Grund besonderer Umstände und vielleicht auch dank meiner Veranlagung, begann ich durch ganz Amerika zu reisen; ich lernte es gründlich kennen. Außer Haiti und Santo Domingo habe ich mehr oder weniger gründlich alle lateinamerikanischen Länder bereist. Wegen der

Bedingungen, unter denen ich reisen mußte – zuerst als Student und später als Arzt –, lernte ich Armut, Hunger und Krankheit aus erster Hand kennen. Ich erlebte, daß ein Kind nicht behandelt werden konnte, weil kein Geld da war; ich erfuhr, wie durch dauernden Hunger und dauernde Strafen die Abstumpfung wächst, bis schließlich ein Vater den Verlust seines Sohnes als bedeutungslosen Unfall hinnimmt. Das kommt oft vor in den unterdrückten Klassen unserer amerikanischen Heimat. Damals begann ich zu erkennen, daß es etwas gab, das mir fast so wichtig war, wie ein berühmter Wissenschaftler zu werden oder entscheidend zur medizinischen Forschung beizutragen: Ich wollte diesen Menschen helfen. Aber auch jetzt blieb ich noch – genau wie wir alle – ein Produkt meiner Umwelt; ich wollte diesen Menschen durch meine eigenen individuellen Anstrengungen helfen. Ich war schon weit gereist, und ich hatte angefangen, mir einige Verhaltensregeln für einen revolutionären Arzt zu notieren. Ich begann zu untersuchen, was wohl nötig sei, um ein revolutionärer Arzt zu werden. Da erfolgte jedoch der Überfall, ein Überfall, der von der United Fruit Company, dem amerikanischen Außenministerium, John Foster Dulles – in Wirklichkeit von ein und derselben Macht – und ihrer Marionette, Castillo Armas, inszeniert wurde. Dieser Überfall hatte Erfolg, weil das guatemaltekische Volk nicht den politischen Reifegrad erreicht hatte, den das kubanische Volk besitzt. Eines schönen Tages, an einem Tag wie jedem anderen, ging ich daher ins Exil, besser: ich floh aus Guatemala, das ja nicht meine Heimat war. Jetzt erst begriff ich etwas Grundlegendes. Damit man ein revolutionärer Arzt und überhaupt ein Revolutionär werden kann, muß erst eine Revolution stattfinden. Der revolutionäre Eifer eines einzelnen ist trotz allem Idealismus sinnlos, und der Wunsch, ein ganzes Leben hohen Idealen zu opfern, hat keinen Zweck, wenn man allein arbeitet, abseits in irgendeinem Winkel Amerikas, befehdet von feindlichen Regierungen, im Kampf gegen soziale Bedingungen, die jeden Fortschritt verhindern.«

Mexiko und Landung in Kuba

Der argentinische Botschafter erwirkte für Che die Genehmigung zur Ausreise und ein Visum für Mexiko. Am 21. September 1954 traf er in Mexico-City ein und schrieb nach Hause: »Die Stadt hat mich mit der uninteressierten Langeweile eines großen Tiers aufgenommen, ohne mich zu streicheln oder die Zähne zu blecken...«

In diesem Eldorado der Flüchtlinge fast aller Länder des amerikanischen Kontinents, traf er Puertoricaner und wieder Kubaner, die in vielem seine revolutionären Ansichten teilten. Er lernte auch Raul Roa kennen, den späteren kubanischen Außenminister, der von dem »jugendlichen« Arzt stark beeindruckt war: »Klarer Verstand, asketische Blässe, asthmatisches Atmen, eine vorgewölbte Stirn, ein dichter Haarschopf, entschiedene Urteile, ein energisches Kinn, gelassene Bewegungen, ein aufmerksamer, durchdringender Blick, scharfes Denken, ruhiges Sprechen, schallendes Lachen.«

Seinen Lebensunterhalt für sich und Hilda, die ihm nachgereist war und hier die Tochter Hildita zur Welt brachte, verdiente er zuerst mit dem Fotografieren von Touristen und

Spaziergängern auf Straßen, Plätzen und in Parks. »Wir kämpften mit jeder Art Kunden, um sie zu überzeugen, daß das Kindchen auf dem Foto wirklich hübsch aussah

Ernesto mit seiner ersten Tochter Hilda Gadea. Mexiko, 1956.

und es der Mühe wert sei, für dieses Wunder einen mexikanischen Peso zu zahlen«, so Che im Rückblick. Er schrieb auch wieder Zeitungsartikel über die Inka- und Azteken-Altertümer, ging wie in Guatemala-City mit Büchern hausieren und erfreute sich abends und nachts an den nicht losgeschlagenen Schätzen aus Kunst, Literatur, Wissenschaft und Politik. Schließlich glückte es ihm, eine Anstellung als Facharzt für allergische Krankheiten am Hauptklinikum von Mexico-City zu erlangen. Dort erschien auch eines Tages ein Kubaner als Patient, den Che schon von Guatemala her kannte und der einer von Castros Mitkämpfern war.

Durch seine Vermittlung kam es kurz darauf zu der folgenreichen Begegnung mit

Fidel Castro, von der Che später sagte: »In einer jener kalten mexikanischen Nächte machte ich seine Bekanntschaft, und ich erinnere mich, daß sich unsere erste politische Diskussion um internationale Politik drehte. Nach wenigen Stunden in derselben Nacht – im Morgengrauen – war ich einer der zukünftigen Expeditionsteilnehmer.« Zu dieser Zeit, Ende Juli, Anfang 1955, hatte jedoch die kleine verschworene Schar um Castro weder Waffen, noch war sie eine ausgebildete Kampftruppe und weit davon entfernt, die nötigen Dollars für den Kauf eines Schiffes zu besitzen, um nach Kuba zu der geplanten revolutionären Aktion aufzubrechen. Aber Che teilte Fidels Optimismus, das gesteckte Ziel zu erreichen und den Kampf gut gerüstet aufnehmen und gewinnen zu können, der nach all seinen Erfahrungen auf dem Kontinent unausweichlich war: »Die Stunde ist gekommen, mit dem Klagen aufzuhören und mit dem Handeln zu beginnen.«

Zahlreiche kubanische Oppositionelle, auch aus bürgerlichen Kreisen, die vor dem immer barbarischer wütenden Batista-Regime nach Mexiko oder in die USA geflüchtet waren, fanden sich zwar nicht zur Teilnahme bereit, doch unterstützten – meist finanziell – die Vorbereitungen, ohne in Einzelheiten eingeweiht zu sein. Die Teilnehmer der Expedition mußten unter strengster Konspiration, da auch hier Batista seine Spitzel hatte, zusammenkommen, mit dem Notwendigsten ausgerüstet, verpflegt und für den Kampfeinsatz geschult werden. In einer Berggegend, eine halbe Autostunde von Mexiko City entfernt, begann in einer von dichtem Gebüsch umgebenen Hazienda eine regelrechte Guerillaausbildung, an der auch Che teilnahm. Der in Kuba geborene Oberst Alberto Bayo, der im Spanischen Bürgerkrieg auf seiten der Republik gekämpft und ein Buch über Guerillataktik geschrieben hatte, war als »Fachmann« gewonnen worden. Che war bald sein »fähigster Schüler« und avancierte zum »Personalchef« und »Politkommissar« – Arzt und Sanitäter der Truppe war er sowieso.

Schon damals war sein Einsatz für die Sache, der er sich verschworen hatte, immens. Er lebte aus dem Vollen und fand auch noch Zeit und Muse, um weiter stapelweise Bücher zu lesen sowie nebenher mit einigen Kubanern Exkursionen zu den mexikanischen Altertümern und Wander- und Klettertouren ins Gebirge zu unternehmen. Ihn lockten die hohen Berge rings um die Hauptstadt, besonders der berühmte Popocatepetl, der 5542-Meter-Vulkan, den er mehrmals zu erklimmen versuchte. Es ist ein Brief von ihm an seine Mutter aus dem Jahre 1955 überliefert – die einzige Selbstaussage über sein »Heldentum«: »Ich ging im Sturm auf den Popo los, aber trotz meines Heldentums gelang es mir nicht, die Spitze zu erreichen. Ich war bereit, dafür zu sterben. Mein kubanischer Klettergefährte versetzte mich in Angst, weil zwei seiner Zehen erfroren. Wir kämpften sechs Stunden mit völlig durchweichten Füßen gegen den Schnee, der uns bis zu den Hüften reichte, denn uns fehlte die richtige Ausrüstung. Der Führer verlief sich am Rande einer Spalte im Nebel, und wir waren alle erschöpft vom weichen endlosen Schnee. Die Kubaner wollten nicht mehr klettern, aber ich werde den Popo, sobald ich Geld habe, wieder in Angriff nehmen...« (Übrigens auch Fidel kam fast ein halbes Jahrhundert später vor argentinischen Studenten in Buenos Aires, die ihn bestürmten, von Che zu erzählen, gerade darauf zu sprechen: »Er versuchte es immer wieder mit dem Berg, doch der ist hoch, oben mit Schnee bedeckt. Er bereitete seine Gerätschaften vor, unternahm riesige Anstrengungen und kam dennoch nicht bis zum Gipfel. Das Asthma behinderte seine Versuche. Die Woche darauf versuchte er erneut den Popo zu besteigen, aber er kam nicht hinauf, trotzdem versuchte er es wieder und hätte es wohl immer wieder versucht, sein ganzes Leben lang. Das zeigt die Willenskraft, Beharrlichkeit und Stärke seines Geistes und Charakters.«)

Am 22. Juni 1956, kurz vor Abschluß des Trainings und der militärischen Ausbildung, verhafteten Beamte des mexikanischen Geheimdienstes Fidel Castro, Che und einige andere wichtige Mitglieder der kubanischen Gruppe, vermutlich denunziert von Agenten Batistas oder der USA, was einen Sturm der Entrüstung in der Öffentlichkeit erregte. Linke Politiker und Künstler, darunter der frühere Präsident Cardenas und die berühmten Maler Siqueros und Rivera, setzten sich für die kubanischen Revolutionäre ein und erreichten nach einem Monat ihre Freilassung, zuletzt die Ches und Calixto Garcias, die noch länger in Haft gehalten worden waren.

Aus dem Gefängnis hatte Che an seine Eltern geschrieben: »Es ist schon eine Zeit her, als mir ein junger kubanischer Aktivist anbot, in seine Bewegung einzutreten – eine Bewegung, die auf dem Weg des bewaffneten Kampfes ihr Land befreien will. Ich akzeptierte selbstverständlich. Ich widmete mich der Aufgabe, die Leute körperlich darauf vorzubereiten, eines Tages den Fuß auf kubanisches Land zu setzen. Ich verbrachte die letzten Monate mit der Lüge, daß ich sie in meiner Funktion als Trainer betreuen würde. Über die mittelbare Zukunft kann ich nur sagen, daß sie mit der kubanischen Revolution verknüpft sein wird. Entweder werde ich mit ihr siegen, oder ich sterbe dort. Während meines ganzen Lebens habe ich, immer wieder stokkend, die Wahrheit gesucht, jetzt bin ich auf dem Weg.«

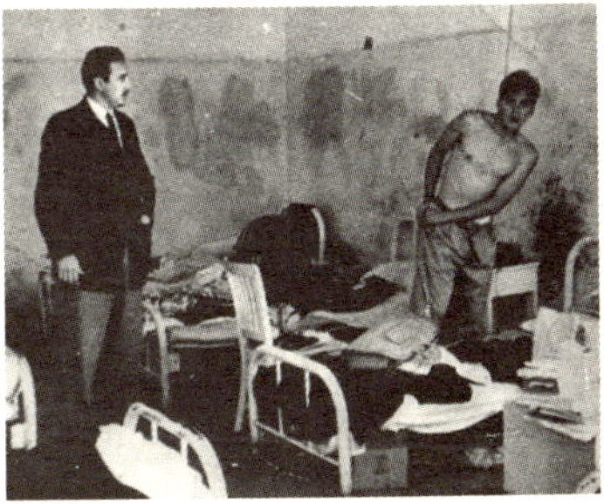

Fidel Castro und Ernesto Guevara im Regierungsgefängnis Miguel Schultz. Mexiko, 1956.

Nach der Entlassung aus der Haft wurden die Vorbereitungen zur Landung auf Kuba noch energischer fortgesetzt. Für die weiteren militärischen Übungen fand man, aufgeteilt in kleine Gruppen, einsame entlegene Gegenden, wo sie den Nachstellungen der Geheimpolizei und der Presse entgehen konnten. Zum Preis von 12000 zusammengeborgten und gespendeten Dollars kaufte Fidel die Jacht »Granma«, die für etwa zwölf Passagiere geeignet war, doch mehr als achtzig Personen – soviel hatten sich indessen der Gruppe angeschlossen – zur Überfahrt aufnehmen sollte.

Noch im allerletzten Moment drohte das ganze Unternehmen durch den Verrat eines der Helfer zu scheitern, der Käufe und Geldgeschäfte für die »Granma«-Expedition getätigt hatte, jedoch auch der kubanischen Botschaft in Mexiko Informationen zuspielte. Eine weitere Verzögerung hätte das Vorhaben vermutlich zum Scheitern gebracht. Deshalb sammelte sich die Gruppe in aller Eile mit den Waffen und der Ausrüstung in Tuxpan, einem kleinen Fischerhafen am Golf von Mexiko, wo die »Granma« vor Anker lag.

Che hat in seinem Buch »Episoden aus dem Revolutionskrieg« drastisch geschildert, wie dieses historische Ereignis nun von dort aus zunächst einen katastrophalheroischen Verlauf nahm: »Die 'Granma' wurde in außerordentlicher Geschwindigkeit ausgerüstet; wir trugen soviel Lebensmittel zusammen, wie wir besorgen konnten, was gewiß recht wenig war, außerdem Uniformen, Ausrüstungsgegenstände, Gewehre sowie zwei Panzerbüchsen, für die fast keine Munition vorhanden war. Schließlich, in der zweiten Morgenstunde des 25. November 1956, begannen Fidels Worte, die der offiziösen Presse als Zielscheibe des Spottes gedient hatten, Wirklichkeit zu werden: ›Im Jahre 1956 werden wir frei oder Märtyrer sein.‹

Ohne Lichter, inmitten einer höllischen Zusammenballung von Materialien aller Art und Menschen, verließen wir den Hafen von Tuxpan. Wir hatten sehr schlechtes Wetter, und obwohl jegliches Auslaufen von Schiffen verboten war, blieb es an der Flußmündung ruhig. Wir durchquerten die Ausfahrt des yukatekischen Hafens, und wenig später wurden die Lichter gesetzt. Wir begannen, wie irrsinnig nach Medikamenten gegen die Seekrankheit zu suchen, doch wir fanden keine; wir sangen die kubanische Nationalhymne und die Hymne des 26. Juli, was insgesamt vielleicht fünf Minuten dauerte, und danach bot das ganze Schiff einen tragikomischen Anblick: Männer, in deren Gesicht sich die Angst spiegelte und die sich den Bauch hielten. Die einen hatten den Kopf in einen Eimer gesteckt, und andere lagen in den sonderbarsten Verrenkungen unbeweglich auf dem Boden, die Kleidung von Erbrochenem beschmutzt. Außer zwei oder drei Seeleuten und vier oder fünf anderen Männern wurden alle dreiundachtzig Mann Besatzung seekrank. Doch am vierten oder fünften Tag besserte sich der allgemeine Zustand ein wenig. Wir entdeckten, daß ein angebliches Leck gar keins war, sondern ein in der Toilette geöffneter Wasserhahn. Alles Unnötige hatten wir schon über Bord geworfen, um den Ballast zu verringern.

Die Jacht »Granma«.

Zur ausgewählten Fahrtroute gehörte, den Süden Kubas weiträumig zu umfahren, vor Jamaika und den Inseln des Großen Cayman in Küstennähe zu kreuzen, bis wir irgendwo in der Nähe des Ortes Niquero in der

Provinz Oriente landeten. Die Pläne wurden reichlich langsam in die Tat umgesetzt. Am 30. hörten wir im Rundfunk die Nachricht vom Aufstand in Santiago de Cuba, den unser großer Frank Pais ausgelöst hatte, wobei er von der Annahme ausging, den Aufstand mit der Landung unserer Expedition zeitlich koordiniert zu haben. Am nächsten Tag, dem 1. Dezember, nahmen wir in der Nacht direkten Kurs auf Kuba und hielten verzweifelt Ausschau nach dem Leuchtturm von Cabo Cruz; es mangelte uns an Trinkwasser, Treibstoff und Nahrungsmitteln. Um zwei Uhr morgens, in der tiefschwarzen Nacht, wurde die Lage beunruhigend. Die Wachen gingen auf und ab und suchten einen Lichtstreifen, der nicht am Horizont auftauchen wollte. Roque, ein ehemaliger Leutnant der Kriegsmarine, stieg wieder einmal auf das kleine Oberdeck, dabei strauchelte er und stürzte ins Wasser. Als wir nach einer Weile die Fahrt fortsetzten, sahen wir schon das Leuchtfeuer, aber die asthmatische Fortbewegungsart unseres kleinen Schiffes ließ die letzten Stunden der Reise endlos werden. Es war schon Tag, als wir in Kuba in der Nähe des Ortes Belic am Strand von Las Colorades landeten.

Ein Küstenschiff sah uns und meldete die Entdeckung telegrafisch an die Batista-Armee weiter. Nachdem wir gerade erst in aller Eile an Land gelangt waren, wobei wir nur das Allernotwendigste mitgenommen hatten, drangen wir sofort in die Sümpfe ein und wurden dabei von feindlichen Flugzeugen angegriffen. Da wir durch den mit Mangrovendickicht bedeckten Morast liefen, entkamen wir zwar ihrem Beschuß, doch schon war uns das Heer der Diktatur auf den Fersen.

Wir brauchten mehrere Stunden, um aus dem Sumpf herauszukommen, in den wir durch die Unerfahrenheit und die Verantwortungslosigkeit eines Compañero geraten waren, der sich als Kenner dieses Gebiets ausgegeben hatte. Stolpernd gelangten wir auf festen Boden, wir waren ohne Orientierung und bildeten ein Heer von Schatten, von Gespenstern, die weiterliefen, als ließen sie sich von einem dunklen Mechanismus ihrer Seele leiten. Sieben Tage ohne Unterbrechung, Hunger und Seekrankheit während der Überfahrt, dazu drei weitere schreckliche Tage an Land lagen nun hinter uns. Genau zehn Tage nach der Abfahrt aus Mexiko, nach einem nächtlichen Marsch, den die Schwächeanfälle, Ermüdungserscheinungen und Erholungspausen der Truppe gehemmt hatten, erreichten wir im Morgengrauen des 5. Dezember eine Stelle, die paradoxerweise unter dem Namen Alegría de Pío – Freude des Heiligen – bekannt ist. Es war dies ein kleines Waldstück, an dessen einer Seite eine Zuckerrohrpflanzung lag und das sich nach der anderen zu einer Lichtung öffnete, während weiter in der Ferne dichter Wald begann.«

Hier wurden die völlig erschöpften Männer nach kurzer Rast überraschend angegriffen, es kam zum ersten Gefecht und den ersten Toten des Befreiungskampfes. Che wurde von Schüssen an Hals und Brust verwundet und glaubte, die letzte Stunde seines Lebens sei gekommen.

»Es war keine Landung, sondern ein kläglicher Schiffbruch«, bekannte Che später. »Aber so begann der Kampf, in dessen weiterem Verlauf die spätere Rebellenarmee geschmiedet werden sollte.«

Sierra Maestra

In jenen Dezembertagen des Jahres 1956 ging die Nachricht vom Fiasko der »Granma«-Landung und des ersten Gefechts der Männer um Fidel Castro um die Welt. Auch Ches Eltern, die durch den Brief aus dem Gefängnis von Mexiko-City wußten, daß ihr Sohn sich den kubanischen Kämpfern angeschlossen hatte, waren aufs höchste alarmiert, als sie in den Zeitungen lasen und aus dem Radio hörten, daß zahlreiche Mitstreiter Castros sowie er selbst und sein Bruder in Alegría de Pío den Tod gefunden hatten. Übers Telefon wurde ihnen aus angeblich verläßlicher Quelle die Mitteilung gemacht, daß ihr Sohn Ernesto bei diesem Gefecht ums Leben gekommen sei.

Zunächst glaubten viele im Umkreis der Familie diesen Nachrichten und Presseberichten, die vorwiegend aus den USA kamen und entsprechend die Ereignisse kommentierten. Es sei ein wahnwitziges, zum Scheitern verurteiltes Unterfangen gewesen, daß 83 kärglich bewaffnete Männer auf einer nicht seetüchtigen Jacht die Küste Kubas angesteuert und das mit modernster Kriegstechnik ausgerüstete Batista-Regime zu stürzen versucht hätten. Die Eliteeinheiten der Armee, die Guardia Rural, Marineinfanteristen und bewaffnete Polizei seien aufgeboten worden, um die Guerilleros gleich nach der Landung zu stellen und zu vernichten. Nur wenige Überlebende – so fast übereinstimmend die Meldungen – würden noch in den Bergen umherirren, seien jedoch eingekreist und müßten sich in Kürze ergeben.

Auf direkte Nachfrage bei Zeitungsredaktionen in Buenos Aires erhielt die Familie jedoch die Auskunft, daß für die Nachrichten, die bestimmte Personen beträfen, keine offizielle Bestätigung vorläge, gleich gar nicht über die tödlichen Verletzungen ihres Sohnes. Trotzdem hielt die schreckliche Ungewißheit an, bis am Silvesterabend von unbekannter Hand ein Luftpostbrief mit einem Stempel aus Manzanillo, Kuba, unter der Tür hindurchgeschoben wurde. Darin steckte ein kleiner, aus einem Notizblock herausgerissener Zettel mit der Handschrift Ches: »Liebe Eltern, mir geht es ausgezeichnet, ich habe nur zwei Leben verloren, und es bleiben mir noch fünf. Ich arbeite weiter für die gleiche Sache, die Nachrichten sind nur sporadisch und werden es auch weiterhin sein, aber vertraut darauf, daß Gott Argentinier ist. Eine Umarmung für alle, Tete.«

Einen Monat später kam Hilda, Ches Frau, mit der Enkelin Hildita von Peru, wohin sie nach dem Sturz der Odria-Diktatur zurückgekehrt war, nach Buenos Aires und brachte einen Brief Ches aus Kuba mit, der sie auf ebenso geheimnisvolle Weise erreicht hatte, wie der Notizzettel die Eltern zu Silvester. Die ersten Sätze dieses Briefes lauteten: »Hier aus dem kubanischen Dikkicht schreibe ich Dir diese glühenden und kriegerischen Zeilen, voller Lebenskraft und Blutdurst. Als wäre ich wirklich ein Soldat (schmutzig und zerlumpt bin ich wenigstens), schreibe ich Dir auf einem Feldgeschirrteller, das Gewehr neben mir und mit einem neuen Tribut zwischen den Zähnen: einer Zigarre. Die Sache war hart...«

Die Eltern waren schockiert von dieser »kriegerischen« Sprache und konnten sich schwer »diesen neuen Ernesto« vorstellen, der sich selbst »blutdürstig« nannte. Der Vater schrieb in seinen Erinnerungen, daß er seinen Jungen zwar als sehr wagemutig kannte, er sei aber eher mitleidig und sorgsam darauf bedacht gewesen, keinem

Menschen und auch keinem Tier ein Leid anzutun. Ernesto habe als junger Mann sogar einmal durch Kletterei auf dem wackligen Dach sein Leben für einen Spatz riskiert, der in einem Lüftungsrohr eingesperrt war und den er dort herausholte. Nun, den Brief aus dem »Dickicht« vor Augen, fiel es ihm schwer zu begreifen, »wie sehr ein Mensch sich verhärten kann nach der Entscheidung, für eine gerechte Sache zu kämpfen.« Und der Vater kam noch nach Jahren und in Kenntnis von Ches weiterem Weg und Tod zu dem Urteil: »Mein sensibler, gefühlvoller Sohn zerstörte seine Sensibilität, um eine Aufgabe zu erfüllen, von der er nicht mehr zurück konnte.«

Dieser Brief aus Kuba, das gilt es zu bedenken, war freilich nicht an die Eltern, sondern an Hilda, die Frau und Kampfgefährtin gerichtet, die schon früher als Che an den politischen Auseinandersetzungen Lateinamerikas, gekennzeichnet von erbarmungsloser Härte und Grausamkeit, teilgenommen hatte. Zudem waren diese Zeilen unmittelbar nach dem zweiten und dritten Gefecht geschrieben, das anders als das Alegría-de-Pío-Debakel nun Anlaß zu mehr Zuversicht und Kampfentschlossenheit bot. »Nach großen Schwierigkeiten gelang es uns, die Gruppe zu reorganisieren, zu bewaffnen und einen Stützpunkt anzugreifen, wobei wir fünf Soldaten töteten, andere verletzten und einige gefangennahmen«, so hieß es weiter in dem Brief. »Das Militär dachte, wir hätten uns aufgelöst, erlebte aber eine seiner größten Überraschungen und verstärkte den Ausnahmezustand auf der Insel, während es 45 Tage lang eine Elitetruppe auf uns ansetzte: Wir schickten ihnen diese aufgelöst wieder zurück, und diesmal kostete es sie drei Tote und zwei Verletzte. Die Toten blieben in den Bergen zurück. Kurz danach nahmen wir drei wachhabende Soldaten gefangen und benutzen nun ihre Waffen. Wenn Du zu all dem berücksichtigst, daß wir keine Verluste zu beklagen hatten und die Berge von uns kontrolliert werden, kannst Du Dir vorstellen, wie groß die Demoralisierung des Militärs war, das uns wie Seife zwischen seinen Fingern hindurchgleiten sah, während sie uns schon gefangen glaubten. Natürlich ist der Kampf noch nicht gewonnen, viele Schlachten stehen noch aus...«

Liest man seine später geschriebenen Erinnerungen über diese ersten Gefechte in der

Sierra Maestra, so wird deutlich, daß Che keineswegs die ihm eigene »Sensibilität« verloren hatte. Er stürzte sich nicht um des Kampfes willen in den Kampf auf Leben und Tod, sondern weil er ihn angesichts des Elends des Volkes und seiner Schlächter und Henker für unausweichlich hielt. Sehr genau schildert er, wie ihm in den angespanntesten Momenten zumute war, wenn sie sich den gegnerischen Truppen näherten oder die in einem Hinterhalt erwarteten: »Das sind jene Augenblicke, da selbst die Nervenstärksten ein leichtes Zittern in den Knien verspüren, und alle sehnen dann entschieden jene Sternstunde des Krieges herbei, die das Gefecht ist. Andererseits wünschten wir den Kampf nicht im entferntesten, wir stellten uns ihm, weil er notwendig war.«

Er notierte betroffen, wenn ein gegnerischer Soldat, den ein Schuß hingestreckt hatte, mit letzter Kraft schrie: »Ach, Mutter!« Zu einem Soldaten, den er in die Brust geschossen hatte, lief er noch während des Gefechts hin und stellte fest, daß der Mann, im Herz getroffen, augenblicklich tot gewesen und nicht qualvoll gestorben war. Die verwundeten Gefangenen wurden von Che wie die eigenen Leute behandelt und versorgt, ganz im Gegensatz zur Armee, die nicht nur die verletzten Guerilleros ermordete, sondern ihre Verwundeten im Stich ließ. Er bekennt aber ebenso freimütig: »Damals befahl Fidel, daß wir den Gefangenen alle verfügbaren Medikamente für die Pflege der verwundeten Soldaten überlassen sollten, und so geschah es auch – was ich jedoch, der ich als Arzt die Notwendigkeit sah, Reserven für unsere Truppe zurückzubehalten, sehr bedauerte.«

Während der ersten Monaten des Kampfes war Che, schon dem Stab Fidel Castros zugehörig, der Arzt der Rebellentruppe, die nach dem Alegría-de-Pío-Fiasko wenig mehr als ein Dutzend Männer zählte, dann bald aufs Doppelte und Dreifache durch Zulauf von Bauern und einzelner Freiwilliger aus den nahen Städten anwuchs, die das grausame Brandschatzen und Morden der Batista-Armee entweder zur Flucht oder zum Widerstand trieb. Aus Santiago de Cuba traf schließlich eine Verstärkung von 50 Mann ein, von denen 30 bewaffnet waren. Es gab zwar jedesmal Schwierigkeiten, den Neuankömmlingen die immensen Erfahrungen weniger Wochen und Monate zu vermitteln, doch bei den unausweichlichen Strapazen der Bergmärsche, im Feuerhagel der Kämpfe und Zusammenstöße mit der Armee, schied sich die Spreu vom Weizen – immer wieder gaben einige auf, andere kamen hinzu, mehr und mehr.

Am 27. Mai 1957 griffen sie mit fast hundert Mann am hellichten Tage die kleine Garnison El Uvero an, direkt am Meer gelegen, unterhalb des Südhangs der Sierra Maestra. Fast drei Stunden dauerte der erbitterte Kampf, der die Regierungstruppen vierzehn Tote und vierzehn Gefangene kostete; von den Rebellen starben neun. »Allmählich gewannen wir die kampferprobte Widerstandskraft von Veteranen«, stellte Che dazu in seinen Erinnerungen fest. »Im Gefecht von El Uvero erhielt die neue Truppe ihre Feuertaufe. Diese Aktion hat eine große Bedeutung, denn sie bezeichnet den Augenblick, in dem wir erstmals einen Frontalangriff gegen einen gut verteidigten Posten bei Tageslicht durchführten. Außerdem war dies eines der blutigsten Ereignisse des Krieges, wenn man die Dauer des Kampfes und die Stärke der an ihm teilnehmenden Truppe berücksichtigt. Als Folge dieses Gefechts wurden die Küstengebiete der Sierra Maestra vom Feind geräumt.«

Zwei Monate später, nach weiteren Attakken auf Kasernen, Marsch- und Transportkolonnen war die Kampftruppe der Revolutionäre bereits auf zweihundert Mann angewachsen und hatte die Verbindung zu den Widerstandsgruppen in den Städten ausgebaut und unter den Bauern zahlreiche zuverlässige Verbündete gefunden. Auch einige Geschäftsleute, Händler und Verwalter der Gebirgsgegend, die zum Batista-Regime in Opposition standen, halfen ihnen gelegentlich und versorgten sie – gegen Bezahlung – mit Proviant, anderem Nachschub und sogar Waffen und Munition. Es existierte bereits ein befreites Territorium, und die ersten Werkstätten zur Herstellung von Ausrüstungsgegenständen, ein Lazarett, eine Brotbäckerei, sogar eine Zigaretten- und Zigarrenfabrik, bald ein kleiner Rundfunksender sowie eine Zeitungsdruckerei konnten eingerichtet werden.

Die »Bewegung des 26. Juli«, der auch bürgerliche Kräfte angehörten, von denen später manche zu erbitterten Feinden der Revolution wurden, hatte in einem Manifest erklärt: »Die Sierra Maestra ist bereits ein unzerstörbares Bollwerk der Freiheit, das sich die Herzen unserer Landsleute erobert hat, und hier werden wir es verstehen, uns des Glaubens und des Vertrauens unseres Volkes würdig zu erweisen.« Besonders Fidel hatte auf »die Schaffung der Grundlagen für eine Agrarreform« gedrungen und als deren Ziel die Forderung erhoben, die unbebauten Ländereien aufzuteilen und alle Halb-, Teil- und Unterpächter kleiner, dem Staat oder Privatpersonen gehörender Landparzellen zu Eigentümern zu machen.

Die »Reisegruppe« des Autors in der Sierra Maestra, unter Führung von Tamara Bunke. 1961.

Im Juli des Jahres 1957 war Che zum Comandante ernannt und mit der Führung einer neugebildeten zweiten »Kolonne« betraut worden, die westwärts des Pico Turquino operieren und den Einflußbereich bis hin zur Ebene und den nach wie vor vom Gegner gehaltenen

Positionen erweitern sollte. »Die Dosis Eitelkeit, die wir alle in uns tragen, bewirkte, daß ich mich an diesem Tage als der stolzeste Mensch der Welt fühlte«, bekannte Che. Als Symbol seiner Ernennung wurde ihm ein kleiner fünfzackiger Stern überreicht, den er an seine »Boina« heftete, jene schwarze Baskenmütze, mit der Che schon auf Fotos aus der Sierra Maestra verewigt ist. Zu dieser Zeit verbreitete hingegen das Batista-Regime Flugblätter und Steckbriefe im ganzen Land, die zur Treibjagd gegen Castro und seine bewährtesten Mitkämpfer aufriefen, die als »Kommunisten« und »Agenten Moskaus« bezeichnet wurden. Besonders gezielt richteten sich die Haßtiraden – auch in Zeitungsberichten und offiziellen Verlautbarungen – gegen Che. Er wurde als »der kommunistische argentinische Rädelsführer einer Bande, die in der Sierra Maestra ihr Unwesen treibt«, hingestellt und für seine Ergreifung ein Kopfgeld von mehreren Tausend Pesos ausgesetzt.

In Wirklichkeit hatte Che gegenüber Führern der Sozialistischen Volkspartei, die aus Havanna und anderen Städten zu Kampfabsprachen in die Sierra gekommen waren, seine Skepsis geäußert, allerdings »brüderlich«, wie er meinte: »Ihr seid imstande, Kader auszubilden, die sich in einer dunklen Kerkerzelle in Stücke reißen lassen, ohne ein Wort zu sagen, aber ihr seid nicht imstande, Kader zu formen, die ein MG-Nest im Sturm nehmen können.« In seinen Erinnerungen relativierte und präzisierte er später diese Kritik an den Kommunisten: »Aus meinem besonderen Blickwinkel eines Guerillakämpfers hatte ich das Ergebnis einer strategischen Konzeption definiert, die den entschlossenen Kampf gegen den Imperialismus und das Wüten der Ausbeuterklassen propagierte, die aber die Möglichkeiten nicht erkannte, wie die Macht zu erobern war.«

Fidel Castro, der wohl wie kein anderer Che kannte und mit ihm verbunden war, nannte ihn, als er dessen Haltung und Bedeutung im Guerillakampf der Sierra würdigte, »einen der am meisten geliebten und zweifellos den außergewöhnlichsten Gefährten unserer Revolution«, der »von Haß und Verachtung dem Imperialismus gegenüber durchdrungen« gewesen sei. Er habe zu den fähigen und mutigen Anführern gehört, die eine notwendige, aber schwierige oder gefährliche Aufgabe sofort übernahmen und nicht warteten, bis man sie rief. »Dies war eine seiner hervorragenden Charaktereigenschaften: seine unverzügliche Bereitschaft, sich für die gefährlichsten Aufgaben zur Verfügung zu stellen. Und das erregte natürlich noch mehr Bewunderung für diesen Gefährten, der an unserer Seite kämpfte, obwohl er nicht in unserem Land geboren wurde, obwohl in seinem Kopf Träume von Kämpfen in anderen Teilen des Kontinents brodelten. Welcher Altruismus, welche Uneigennützigkeit! Welche Bereitschaft, immer das Schwierigste zu vollbringen, ständig sein Leben zu riskieren! So hat er sich den Rang eines Comandante verdient und ist zum Anführer der zweiten Guerillafront geworden, die sich in der Sierra Maestra bildete. So begann sein Ansehen zu wachsen. So fing er an, sich einen Ruf als großartiger Soldat zu erwerben, den er im Laufe des Krieges noch vergrößerte. Wenn er als Guerillero eine Achillesferse hatte, dann war das seine übermäßige Kampfbereitschaft, seine völlige Verachtung der Gefahr. Che war ein unübertrefflicher Soldat und Anführer. Er war, vom militärischen Standpunkt aus gesehen, ein außergewöhnlich fähiger, mutiger und angriffslustiger Mann. Er war ein Meister des Krieges, ein Künstler des Guerillakampfes. Er hat es unzählige Male bewiesen, so bei dem Vormarsch an der Spitze seiner Einheit, verfolgt von nach Tausenden zählenden Feinden, in einem vollkommen ebenen und unbekannten Gelände. Dabei vollbrachte er, an der Seite von Camilo Cienfuegos, eine bewundernswerte militärische Heldentat. Auch mit seinem schnellen und erfolgreichen Feldzug in Las Villas hat er seine Fähigkeiten als Guerillakrieger bewiesen, vor allem aber mit seinem kühnen Angriff auf Santa Clara, als er mit einer Einheit von kaum 300 Männern in eine Stadt eindrang, die von Panzern, Artillerie und einigen Tausend Infanteristen verteidigt wurde. Vor allem diese beiden Kriegstaten weisen ihn für immer als einen Künstler des revolutionären Krieges aus.«

Fidel Castro hatte am 21. August 1958 den Befehl zum Angriff von den Bergen herab in die Ebene und in westlicher Richtung erteilt, der zur Schlußoffensive des fast zweijährigen Guerillakrieges und zum Todesstoß für das Batista-Regime werden sollte: »Comandante Che Guevara erhält die Aufgabe, mit einer Kolonne der Rebellenarmee aus der Sierra

Maestra vorzustoßen und auf deren Territorium im Einklang mit dem strategischen Plan der Rebellenarmee zu operieren...«

Immer noch hatte Batista eine mehr als zwanzigtausend Mann starke Armee zur Verfügung, die mit modernem, meist aus den USA geliefertem Kriegsgerät, Panzern und Flugzeugen ausgerüstet war. Diese Lieferungen wurden fortgesetzt, auch die »Beraterdienste« für die Geheimpolizei und die Spezialeinheiten zur Bekämpfung der Aufständischen, die in diesen letzten Monaten des Kampfes die Repressionen und den grausamen Terror gegen jede Regung des Widerstandes noch verstärkten. Aber auch der Widerstand nahm zu und erfaßte von Tag zu Tag mehr Menschen aus allen Kreisen der Bevölkerung, die sich gegen die Willkür, die Korruption und Gesetzlosigkeit des Regimes wandten. Selbst unter den Soldaten und Offizieren der Batista-Armee, demoralisiert durch die Niederlagen und Verluste, wuchs die Unzufriedenheit. Nur die wenigsten waren noch bereit, mit letztem Einsatz zu kämpfen und Kopf und Kragen zu riskieren, immer mehr suchten ihr Heil in der Flucht oder schlossen sich als Überläufer den Aufständischen an.

»Es sind Tage des ermüdenden Marsches durch trostlose Weiten, in denen es nur Wasser und Morast gibt, wir haben Hunger, wir haben Durst, und man kommt kaum vorwärts, denn die Beine sind schwer wie Blei, und die Waffen wiegen stärker als sonst«, so Che in seinen Erinnerungen über das Vordringen der Kolonne von zuletzt 148 Männern und Frauen durch die Sümpfe im Süden von Camagüey nach Las Villas. »Während der Monate November und Dezember 1958 riegelten wir dort allmählich die Landstraßen ab. Hauptmann Silva blockierte die Landstraße von Trinidad nach Sancti Spiritus vollständig, und der Carretera Central der Insel wurde ernsthafter Schaden zugefügt, als wir die Brükke über den Fluß Tuinicu unbenutzbar machten, ohne

Che nach der Einnahme der Stadt Santa Clara, dem endgültigen Sieg über die Batista-Diktatur, am 1. Januar 1959.

daß es zu ihrem völligen Einsturz kam. Der Schienenstrang der zentralen Eisenbahn wurde an mehreren Stellen unterbrochen; hinzu kam, daß die südliche Eisenbahnstrecke von der Zweiten Front und die nördliche Eisenbahnstrecke von den Truppen Camilo Cienfuegos' abgeriegelt wurde, wodurch die Insel in zwei Teile gespalten war. Das am stärksten vom Aufstand betroffene Gebiet, Oriente, wurde von der Regierung nur noch auf dem Luft- und Seeweg versorgt, und diese Hilfe wurde immer unsicherer. Die Auflösungserscheinungen im Lager des Feindes verstärkten sich.«

Che-Gedenkstätte und Museum wurden 1988 in Santa Clara errichtet. 1997 wurden auch die Gebeine Ches in das Mausoleum unterhalb des Monuments überführt.

Schließlich waren nur noch in Santa Clara, der Provinzhauptstadt von Las Villas, in Kasernen und befestigten Stellungen Regierungstruppen und ein Panzerzug stationiert, als dort am 29. Dezember 1958 der erbitterte Kampf begann – der letzte dieses Revolutionskrieges, beendet am 1. Tag des Jahres 1959 mit der Kapitulation aller dortigen Batista-Truppen – zur gleichen Stunde, als Che die Nachricht von Batistas Flucht aus Havanna erhielt.

Damit war der Weg nach Havanna frei, und die Kolonnen Ches und Camilo Cienfuegos' zogen, von der Mehrheit der Bevölkerung freudig begrüßt, in die kubanische Hauptstadt ein. Mit dem Diktator Batista waren auch viele seiner Handlanger und übelsten Schergen geflüchtet, die Armee und die Polizei leisteten keinen Widerstand mehr. Lakonisch stellte Che am Schluß seines Guerillero-Reports fest: »Die Einnahme der Militärgarnison ›Columbia‹ durch Camilo Cienfuegos und der ›La Cabaña‹-Festung durch unsere Kolonne acht, nach wenigen Tagen schließlich die Einsetzung Fidel Castros als Ministerpräsident – all das gehört zur politischen Zeitgeschichte des Landes.«

Festungskommandant, Bankchef, Minister

Über die historische Dimension dieser Ereignisse für den amerikanischen Kontinent und darüber hinaus war sich Che völlig im klaren. Aber ihm war nicht danach zumute, übermütig den Sieg zu feiern, und es gab für ihn auch gar keine Gelegenheit dazu. Er war von Fidel zum Kommandanten von »La Cabaña«, der alten Havanna-Festung aus spanischer Kolonialzeit, ernannt worden und bildete mit Camilo Cienfuegos das Vorauskommando und erste Machtzentrum der Revolution in der Hauptstadt. In der Nacht vor seinem Einzug in Havanna war es zu Unruhen und Plünderungen gekommen, noch befanden sich Anhänger Batistas in der Stadt, zahlreiche Offiziere der Armee und Polizei hielten sich verborgen und lauerten nur auf die Chance, mit ausländischer Hilfe das Blatt noch einmal zu wenden. Zudem waren zahlreiche kubanische Politiker und auch Abenteurer eilends herbeigereist, die jahrelang im Exil gelebt und den Kämpfern in der Sierra zumeist nur halbherzig, widerwillig oder überhaupt nicht Beistand geleistet hatten.

Sie glaubten nun, ihre Stunde sei gekommen, und schon begannen das Feilschen und die Rangelei um Posten und Einfluß auf den weiteren Gang der Dinge.

Dem gedachten jedoch Che und seine Compañeros keineswegs tatenlos zuzusehen. Zwar wurde Manuel Urrutio, ein Richter aus Santiago, der im Moncada-Prozeß 1953 mutig Straffreiheit für Castro und seine Mitkämpfer gefordert hatte, zum neuen Präsidenten ausgerufen und eine Regierung mit überwiegend bürgerlichen Politikern gebildet, doch die tatsächliche Macht übten die Rebellenarmee und eine in kürzester Frist geschaffene Volksmiliz aus, bis dann Fidel Castro am 15. Februar 1959 das Amt des Ministerpräsidenten übernahm. In allen Provinzen waren die alten Gouverneure und Behördenchefs abgelöst und durch aktive Teilnehmer am Befreiungskampf ersetzt worden. Bis in den letzten Winkel des Landes erfolgte die Entwaffnung der Armee- und Polizeieinheiten; die schlimmsten Parteigänger Batistas und ihre Büttel und Henker wurden festgenommen und vor Gericht gestellt.

In Havanna traten die Revolutionstribunale in der Festung »La Cabaña« zusammen, die Hauptschuldigen wurden zum Tode durch Erschießen verurteilt und die Urteile an Ort und Stelle vollstreckt. Wieder waren die Zeitungen voller Horrorgeschichten, wieder galt vornan Comandante Che, der dortige Befehlshaber, allen Feinden der Revolution und ihren in- und ausländischen Lohnschreibern als die Inkarnation des Bösen und politischer Radikalität. In Mays schon erwähnter Che-Monographie aus dem Jahre 1973 liest sich das so: »Es existierte formal zwar ein Revolutionstribunal, doch waren es Che, Raúl Castro und andere Radikale, die die Befehle für die ›Säuberung‹ gaben. Über die Zahl der Exekutierten gehen die Schätzungen weit auseinander; es dürfte sich jedoch um einige tausend Menschen gehandelt haben. Im Gegensatz zu Raúl, der als Militärbefehlshaber der Ostprovinz Massenhinrichtungen aus Rache vornehmen ließ, waren es bei Che politische Überlegungen. Sein Ziel war es, mit allen Mitteln und kalter Berechnung jedwede Opposition unschädlich zu machen und die reguläre Armee zu zerstören. Er hatte die Lektion in Guatemala gelernt, wo das Militär umschwenkte und die Arbenz-Regierung stürzte. Dem ›Paredon‹ fielen insbesondere Offiziere zum Opfer, Che war von unerbittlicher Härte.«

Es gibt freilich glaubhaftere Zeugnisse über Che und die »Härte« jener Tage. Salvador Allende berichtete, als er Chiles Präsident war, in einem Gespräch mit Regis Debray über seine Eindrücke, die er damals in Havanna gewonnen hatte, wohin er, begeistert von der kubanischen Revolution, gereist war: »Fidel Castro war schon in Havanna eingezogen. Soweit ich mich erinnere, muß Fidel am 5. oder 6. Januar von Santiago nach Havanna gekommen sein. Wie auch immer, ich kam am 20. Januar in Kuba an, und ich kam in einem recht merkwürdigen Augenblick. Ich war im Hotel, und an diesem Abend gab es eine Parade, die auf mich nicht erregend, sondern ganz einfach unglaublich wirkte. An der Spitze der Parade marschierten 200 Polizisten aus Miami und im offenen Wagen der Bürgermeister von Miami und wohl der Bürgermeister von Havanna. Kurz und gut, am nächsten Tag dachte ich, das Flugzeug zu nehmen und nach Chile zurückzukehren, als ich Rafael Rodriguez traf, den ich in Chile kennengelernt hatte, und der zu mir sagte: ›Was machst du denn hier?‹ Ich antwortete ihm: ›Ich wollte diese Revolution sehen, aber da es diese Revolution gar nicht gibt, fahre ich wieder ab. Was soll das schon für eine Revolution sein mit den Polizisten aus Miami?‹ Da sagte er zu mir: ›Du begehst einen Irrtum, Salvador, bleib hier, sprich mit den Verantwortlichen.‹ Und tatsächlich kam am selben Abend ein Anruf von Alaida, die ich nicht kannte und von der ich nicht wußte, wer sie war. Sie war Ches Sekretärin und noch nicht mit ihm verheiratet, und sie sagte mir: ›Der Comandante Guevara wird Ihnen einen Wagen schicken und erwartet Sie in der Cabaña-Kaserne.‹ Da fuhr ich hin, und da war Che. Er lag auf einem Feldbett, in einem riesigen Zimmer, in dem meiner Erinnerung nach ein Bronzebett stand, aber Che lag auf dem Feldbett. Nur in Hosen, mit bloßem Oberkörper, und er hatte gerade einen heftigen Asthmaanfall. Er benutzte ein Sauerstoffgerät, und ich wartete, bis es ihm besser ging, setzte mich auf das Bett, das andere, und dann sagte ich zu ihm: ›Comandante...‹ Aber er sagte zu mir: ›Hören Sie, Allende, ich weiß genau, wer Sie sind, ich habe während der Präsidentenwahlen 1952 zwei Ansprachen von Ihnen gehört: eine sehr gute und eine sehr schlechte. Also, reden wir ganz offen, denn ich habe eine sehr deutliche Vorstellung von Ihnen.‹ Danach bekam ich eine Vorstellung von der intellektuellen Fähigkeit, der Menschlichkeit, der kontinentalen Anschauung und der realistischen Einschätzung des Kampfes der Völker, die Che besaß.« Und Allende begründete im selben Gespräch seine Hochachtung für Che, dem er politisch und persönlich immer eng verbunden blieb: »Weil ich glaube, daß es unzweifelhaft im Leben Lateinamerikas nur selten, oder vielleicht niemals, einen Menschen gegeben hat, der mehr Konsequenz in seinen Ideen, mehr Großzügigkeit, mehr Selbstlosigkeit bewiesen hat. Che besaß alles, verzichtete auf alles, um den kontinentalen Kampf zu ermöglichen.«

Mit Salvador Allende, 1964.

Die »unglaubliche« Parade der Miami-Polizisten, die Allende beobachtet hatte, war möglicherweise eine Abschiedszeremonie der USA-Berater und ihrer Leibgardisten, die hier jahrzehntelang wie Kolonialherren geschaltet und gewaltet hatten. Denn in jenen Tagen wurde die Militärmission der USA des Landes verwiesen, da es für sie, die bis zuletzt die Batista-Armee unterstützt, ausgerüstet und gedrillt hatte, keine Existenzberechtigung mehr auf Kuba gab. »Fahren Sie nach Hause«, soll Fidel Castro den US-Missionaren gesagt haben. »Wir brauchen Ihre Dienste nicht, denn Ihre Schützlinge, die Batistaoffiziere, wurden von den Aufständischen besiegt. Als Militärberater haben sie total versagt.«

Auch Ches Eltern sind zu Zeugen jener dramatischen ersten Tage und Wochen nach dem Revolutionssieg in Havanna geworden. Mit einem Flugzeug, das Exilkubaner von Buenos Aires heimgeholt hatte, war schon Anfang Januar Celia de la Serna, die Mutter, gekommen, einen Monat darauf der Vater. Sechs Jahre hatten sie den Sohn nicht oder nur selten gesehen, meist nur wüste Geschichten und Gerüchte über ihn gehört. Che fuhr mit seiner Mutter in die »Cabaña«, wo er sie mit der zweiundzwanzigjährigen Alaida March bekannt machte, einer Lehrerin, die sich den Guerilleros angeschlossen hatte. Als die Mutter hörte, daß sie bald heiraten wollten, fragte sie nach Hilda, der früheren Lebensgefährtin des Sohnes, und Hildita, der Enkelin, die ja beide in Buenos Aires gewesen waren. »An Hilda habe ich geschrieben«, antwortete Che. »Sie hat Verständnis für das, was geschehen ist, und ist einverstanden, daß wir Hildita zu uns nehmen.« Ein halbes Jahr später heiratete er Alaida in ihrer Heimatstadt Santiago de Las Vegas, Trauzeuge waren Raúl Castro und seine Frau Vilma Espin. Che und Alaida nahmen die Tochter Hildita zu sich, und später kam auch Hilda von Mexiko, wo sie 1956 zurückgeblieben war, nach Havanna und arbeitete hier für die »Peruaner Union« und bei »Prensa Latina«. Einem Journalisten gegenüber soll sie damals erklärt haben: »Ich habe Che an die Revolution verloren, nun aber weit bitterer und erniedrigender an eine andere Frau.«

Vom Vater ist der Bericht vom Tage nach dessen Ankunft in Havanna überliefert, als er mit dem Sohn im Hilton-Hotel, in einem extra für die Familie reservierten

Apartment, endlich wieder beisammen war: »Es gab einen großen Tisch in der Mitte des Zimmers. Wir waren kaum eingetreten, als eine ganze Gruppe von Soldaten und Offizieren hereinkam, die Ernesto mit großer Kameradschaft auf die Schulter klopften und uns alle begrüßten. Die ganze Atmosphäre war von großer Freude und Ausgelassenheit erfüllt. In diesem Hin und Her und Raus und Rein lernten wir fast die ganze Gruppe kennen, die Seite an Seite mit Ernesto im revolutionären Krieg gekämpft hatte. Die Kubaner reden im allgemeinen nicht nur mit dem Mund, sondern auch mit den Händen. Ihre Euphorie war erstaunlich, auch die Art, wie sie sich unterhielten: sehr schnell und viele Silben verschluckend. Mit Gesten, Handbewegungen und Lachen zeigten sie ihre Freude. Die Revolution hatte gesiegt, und sie machten sich jetzt daran, zusammen mit Che in einem der luxuriösesten Hotels von Havanna zu Mittag zu essen.«

Einige Tage später, als der Vater einmal mit ihm allein war, fragte er ihn, wie es denn um seine weitere Laufbahn als Arzt und Wissenschaftler stünde. Che antwortete: »Über meinen Beruf als Arzt kann ich dir sagen, daß ich ihn schon vor einiger Zeit aufgegeben habe. Ich bin jetzt ein Kämpfer, der daran arbeitet, eine Regierung zu unterstützen.« Und als dann der Vater den Wunsch äußerte, in die Sierra, zu den Orten der erbittertsten Gefechte – Alegría de Pío, La Plata, Uvero – zu fahren, stimmte der Sohn zwar zu, entschied aber: »Ich stelle dir einen Jeep zur Verfügung mit einem Soldaten, der den Weg schon einmal zurückgelegt hat, aber du mußt das Benzin und das Essen selbst bezahlen.« Dazu war der Vater nicht imstande, deshalb unterblieb die Fahrt. Jedoch das Tor zur »Cabaña«, wo Che seinen Dienst tat, stand dem Vater offen, und er kam eines Abends dazu, als der Sohn einem jungen Soldaten die Waffe abnahm und ihn trotz seiner Beteuerungen und verzweifelten Blicke verhaften ließ. »Warum tust du das?« fragte er ihn. Che antwortete: »Vater, hier darf keiner schlafen, wenn er Wache steht, denn das bedeutet, die ganze Garnison in Gefahr zu bringen.« Und ein sehr ernstes Wort, das der Frage nach einem möglichen Wiedersehen und der Zukunft galt, gab Che seinen Eltern schließlich noch aus Havanna mit: »Was aus mir werden wird? Ich selbst weiß nicht, in welchem Teil der Erde ich einmal meine Knochen lassen werde.«

In dieser dramatischen Zeit beobachteten die USA, die noch genügend Sendboten und Späher auf der Insel hatten, denen sich neue getarnt oder ungeniert offen hinzugesellten, mit Argwohn jeden Schritt und jede Verlautbarung der Revolution und ihrer Führer. Besonders allergisch waren die Reaktionen gegenüber jeder Einschränkung der »traditionellen« politischen und wirtschaftlichen US-Vorherrschaft in dieser Region. Nicht nur große Teile der Zuckerplantagen und Ölraffinerien, auch viele Bergwerke (mit Vorkommen von Kobalt, Nickel und Mangan), die Energieproduktion, der Telefon- und Telegrammdienst und die wichtigsten Verkehrsmittel waren fast vollständig im Besitz nordamerikanischer Gesellschaften, die sich allerdings mit spanischen Namen schmückten. Hatte man zu Anfang des Jahres 1959 noch geglaubt, es sei ein Umsturz und Regierungswechsel wie Hunderte andere in Lateinamerika, den man in die üblichen, der USA und ihrem Monopolanspruch gefällige Bahnen lenken könne, so konstatierte man nun erschrocken und mit Haß, Wut und Drohgebärden eine revolutionäre

Konsequenz und soziale Entschiedenheit der Sierra-Maestra-Kämpfer, die bisher auf dem Kontinent nicht dagewesen oder wenn – dann gleich im Ansatz – blutig unterdrückt und niederkartätscht worden war.

Besonderes Aufsehen erregte wiederum Che mit einem Aufsatz, den er, schon in den Bergen geschrieben, Mitte Februar 1959 in der Zeitung »Revolucion«, dem Organ der »Bewegung des 26. Juli«, veröffentlicht hatte. Er warf die Frage auf, die für ihn die Frage aller Fragen war und blieb: Warum kämpft ein Guerillero? Seine Antwort ließ es an politischer Deutlichkeit nicht fehlen: »Der Guerillero ist ein Sozialreformer. Er greift zu den Waffen, um des Volkes gewaltsamen Protest gegen seine Unterdrücker zum Ausdruck zu bringen; er kämpft, um das soziale Gefüge umzustürzen, das alle seine unbewaffneten Brüder in der Schmach und im Elend hält. Er kämpft gegen die besondere Beschaffenheit der Institutionen in einem gegebenen geschichtlichen Zeitraum und bemüht sich mit aller Kraft, welche die Umstände ihm erlauben, die Form dieser Institutionen zu zerbrechen.«

Wer die heutige Verteufelung jeglichen Widerstands gegen die »Institutionen«

imperialer Macht, Unterdrückung und Ausbeutung kennt, wird sich vorstellen können, wie in dieser dramatischen Situation die verbliebenen Sachwalter des Kapitals in Kuba und vom Ausland her über einen Mann wie Che herfielen. Noch dazu, daß er als Sieger und mit der Waffe in der Hand daherkam, die er nicht beiseitezulegen gedachte, solange die Revolution in Gefahr war, mehr noch, der ankündigte, »allen seinen unbewaffneten Brüdern in der Schmach und im Elend« damit Beistand zu leisten, also über Ländergrenzen hinweg. Als »böser Genius«, »heimatloser Abenteurer« und natürlich wieder und wieder als »Kommunist« und »Handlanger Moskaus« wurde er hingestellt – Reporter kamen aus aller Welt und die Schlagzeilen hoben sich nur wenig voneinander ab. Im noch von Privatfirmen kontrollierten kubanischen Fernsehen wurde Che am 29. April 1959 inquisitorisch gefragt: »Sie sind Kommunist?« Er erwiderte: »Wenn Sie meinen, daß das, was wir im Interesse des Volkes tun, ein Ausdruck des Kommunismus ist, dann halten Sie uns ruhig für Kommunisten. Falls Sie jedoch mit Ihrer Frage meinen, ob wir der Sozialistischen Volkspartei angehören, dann lautet die Antwort – nein.« Als man wissen wollte, warum er überhaupt nach Kuba gekommen sei, sagte er: »Ich wollte wenigstens an der Befreiung eines kleinen Stückes des unterjochten Amerikas teilnehmen.«

Ein wichtiger Schritt dieser wirklichen Befreiung war die schon in der Sierra Maestra verkündete und begonnene Agrarreform. In der Siedlung La Plata, Ort eines Gefechts und danach Stützpunkt der Guerilleros, beschloß die Revolutionsregierung am 17. Mai 1959 auf einer feierlichen Sitzung, an der auch Che teilnahm, das Gesetz zur Durchführung dieser Reform. Aller Landbesitz von mehr als 400 Hektar sollte enteignet und an landlose und landarme Bauern übergeben werden. Che sprach auf mehreren Kundgebungen und Versammlungen über dieses bahnbrechende Gesetz, das er auch im letzten Kapitel seines Buches über den »Revolutionskrieg« hervorhob, als Nachsatz zur »Schlußoffensive«: »Die erste große Schlacht der neuen Regierung wird in der Agrarreform bestehen, die kühn, umfassend, aber flexibel sein wird. Sie wird den Großgrundbesitz Kubas vernichten, jedoch nicht die kubanischen Produktionsmittel. Das wird eine Schlacht sein, die die

Kraft des Volkes und der Regierung während der kommenden Jahre zum großen Teil in Anspruch nehmen wird. Das Land wird den Bauern kostenlos übergeben. Man wird diejenigen mit langfristigen Ablösungsgutscheinen bezahlen, die beweisen können, daß sie ihren Besitz ehrlich erworben haben; aber die Bauern werden auch technische Hilfe erhalten.« Und er versicherte den »Freunden auf dem unbeugsamen Kontinent«: »Daß wir, wenn es notwendig ist, bis zur letzten ökonomischen Konsequenz unserer Handlungen kämpfen werden, und wenn die Auseinandersetzungen noch weitergehende Formen annehmen, bis zum letzten Tropfen unseres Rebellenblutes, um aus diesem Land eine souveräne Republik zu machen, die wirklich die Eigenschaften einer glücklichen und demokratischen Nation besitzt und innig mit den Brudervölkern in Amerika verbunden ist.«

Als die Zeitschrift »O Cruziero« im Juli 1959 dies veröffentlichte, war Che schon als Sonderbotschafter zu einer Reise nach Afrika und Asien aufgebrochen, um die internationale Stellung der Republik Kuba zu festigen und von vornherein jeder Isolation und Bevormundung durch die USA entgegenzuwirken. Fast drei Monate – vom 12. Juni bis 5. September – war Che unterwegs, er besuchte Ägypten, Sudan, Marokko, Indien, Pakistan, Burma, Ceylon, Indonesien, Japan und auch Jugoslawien sowie Spanien; darunter waren Länder, mit denen Kuba bis dahin nicht einmal diplomatische Beziehungen unterhielt. Dennoch gelang es ihm mit der Mehrzahl freundschaftliche Kontakte herzustellen und erste wirtschaftliche Verbindungen anzuknüpfen.

XIX. Vollversammlung der Vereinten Nationen – während einer Erholungspause.

Bald nach seiner Rückkehr wurde Che vom Ministerrat auf Vorschlag Castros zum Direktor der Nationalbank Kuba mit den Vollmachten eines Ministers der Finanzen berufen. Nach einer Anekdote, die Che angeblich selbst gern erzählt haben soll, sei diese Entscheidung folgendermaßen zustande gekommen: Fidel habe in der Runde der Compañeros gefragt: »Wer von Euch ist

Ökonom?« Che habe die Hand gehoben, Fidel verwundert zurückgefragt: »Du? Seit wann bist du denn Ökonom?« Da habe Che geantwortet, er habe sich wohl verhört. »Ich glaubte, du hättest gefragt, wer Kommunist ist. Und da sage ich jetzt: Ja.«

Den Witz und die Selbstironie, die Che eigen waren, haben gewiß nicht alle im gleichen Maß wie Fidel mit Sympathie und Verständnis quittiert, der ja den großen Ernst und die Entschlossenheit kannte, die den Äußerungen und Handlungen seines Kampfgefährten zugrundelagen. Die Entscheidung, diesem Mann die Schlüsselstellung für die weitere wirtschaftliche und damit auch politische Entwicklung des Landes anzuvertrauen, war wohlerwogen und geschah in einer Zeit, als konterrevolutionäre Kräfte immer dreister Kurs auf den gewaltsamen Sturz der Regierung Castro nahmen. Deshalb blieb Che auch weiter im Armeestab und sah als Bankchef seine vordringlichste Aufgabe darin, die »große Schlacht« der Agrarreform zu schlagen und nach der Verjagung der ausländischen Monopole mit der sozialistischen Industrialisierung zu beginnen.

Bis zum 23. Februar 1961 blieb Che der Direktor der Nationalbank, am selben Tag wurde er zum Industrieminister ernannt. Sieben Wochen darauf, am 15. April, erfolgten Luftangriffe durch B26-Bomber auf den Flughafen Cuidad Libertad und auf die Luftwaffenbasen von Banos und Santiago, zwei Tage später die von den USA unterstützte Landung eines Söldnerheeres mit modernster Kriegsausrüstung in Playa Girón, der Schweinebucht. Eindeutiges Ziel war es, einen Teil kubanischen Territoriums zu besetzen, eine provisorische Regierung zu bilden und das Eingreifen der USA zu fordern. Bei der Gegenoffensive, die binnen 72 Stunden die Invasoren vernichtend schlug und etwa tausend von ihnen zu Gefangenen machte, stand Che an der Spitze der Armee in der Provinz Pinar del Río und wurde leicht verwundet.

Industrieminister

Denkwürdig seine Worte, die er ein Jahr zuvor ahnungsvoll als Bankdirektor, Wirtschaftslenker und Soldat an junge kubanische Ärzte gerichtet hatte: »Obwohl wir eine latente Gefahr ahnen und uns darauf vorbereiten, den Angriff, der in der Luft liegt, zurückzuschlagen, müssen wir doch aufhören, nur an Kampf zu denken. Wenn wir die Kriegsvorbereitungen zum Mittelpunkt unserer Sorgen machen, werden wir uns kaum mehr produktiver Arbeit widmen können. Die ganze Arbeit und das ganze Kapital – für die Vorbereitung auf ein militärisches Unternehmen – sind an sich vergeudete Arbeit und verschwendetes Geld. Leider müssen wir dies tun, weil andere rüsten. Aber es ist die Wahrheit – und ich gebe Ihnen mein Ehrenwort als Soldat, daß die Ausgaben der Nationalbank für Waffen mich am traurigsten stimmen.«

Chruschtschows Raketen unter Palmen

Kurz vor dem Überfall auf Playa Girón hatte Fidel Castro erklärt, daß die kubanische Revolution mit der Agrarreform, der Nationalisierung des großkapitalistischen Eigentums, der unentgeltlichen Schul-, Universitäts- und Berufsausbildung sowie der kostenlosen medizinischen Betreuung, also durch eine grundlegende soziale Umgestaltung und die Befreiung von imperialer Abhängigkeit, Kurs auf den Sozialismus genommen habe. Die bereits geschaffenen Tatsachen sprachen für sich, somit war Castros Feststellung lediglich die Konsequenz dieser konsequenten Revolution.

Hinzu kam, daß die Sowjetunion und die anderen sozialistischen Länder, angesichts der Drohungen, Aggressionen und wirtschaftlichen Repressionen durch die USA und ihrer Vasallen für Kuba zu immer wichtigeren Verbündeten im antiimperialistischen Kampf wurden. Schon wenige Tage nach dem Sieg der Revolution, am 11. Januar 1959, hatte die Sowjetunion die neue kubanische Regierung anerkannt und im folgenden Jahr diplomatische Beziehungen mit ihr aufgenommen. Im Februar 1960 war Mikojan, damals stellvertretender Ministerratsvorsitzender, nach Havanna gekommen und hatte Verhandlungen über bedeutende Wirtschafts- und Handelsabkommen geführt, bei denen Che die kubanische Seite vertrat. Die Sowjetunion kaufte über fünf Jahre hinweg je eine Million Tonnen Zukker zu einem überhöhten Weltmarktpreis und bewilligte einen Kredit von hundert Millionen Dollar. Als die USA wegen dieses »empörenden Verhaltens« neue Sanktionen beschlossen und die Lieferung von Erdöl sowie seine Verarbeitung auf der Insel einstellten, leistete die Sowjetunion unverzüglich Beistand mit der Lieferung von Erdöl und zum weiteren Betreiben der nun verstaatlichten Mineralölwerke.

Che erklärte damals: »Wenn die Sowjetunion uns nicht zu Hilfe gekommen wäre, als die USA die Zuckereinfuhr sperrten und die Lieferung von Erdöl einstellten, wäre die Lage für das revolutionäre Kuba wirklich schlimm geworden.« Und als er Ende 1960 durch zahlreiche sozialistische Länder Europas und die Sowjetunion gereist war, sah er in dieser Partnerschaft, Freundschaft und Solidarität, die er dort erfahren hatte, die entscheidende Garantie für das kleine Land: »Kuba, im Herzen des nordamerikanischen Imperiums gelegen, ist ein lebendiges Zeugnis dafür, daß heute diejenigen Völker, die standhaft genug sind, um die Unabhängigkeit zu erreichen, in der Sowjetunion und den anderen sozialistischen Ländern die notwendige Unterstützung finden und so in der Lage sind, ihre Unabhängigkeit zu verteidigen.«

Die »Zwangsexpropriation« der US-Vorherrschaft und die Annäherung an die sozialistischen Länder steigerten die Feindseligkeiten des großen Nachbarn im Norden bis ins Hysterische. Auf die gescheiterte Invasion in der Schweinebucht folgten bald gänzlich unverblümte Aggressionsdrohungen. In Verletzung des Völkerrechtes kreisten Spionageflugzeuge über der Insel, eingeschleuste Diversanten verübten Anschläge auf die revolutionären Machtorgane, und Miami, Guantánamo und weitere Stützpunkte der USA im Raum des Karibischen Meeres wurden zu Sammelbecken der Konterrevolution und starker militärischer Kräfte.

Die Sowjetunion, die Volksrepublik China und die Tschechoslowakei hatten auf Ersuchen der Kubaner Waffen geliefert, darunter Panzer, Artillerie, Flugabwehrgeschütze und Jagdflugzeuge, und auch Ausbilder entsandt. Nach der Playa-Girón-Invasion wurde die Militärhilfe noch verstärkt und in der sowjetischen Führung über eine Bereitstellung modernster Waffen nachgedacht. »Wir waren sicher, daß die Amerikaner sich niemals mit der Existenz von Castros Kuba abfinden würden«, schreibt Nikita Chruschtschow in seinen Erinnerungen, die 1970 in den USA erschienen und als »authentisch« ausgegeben worden sind. »Wenn Kuba fiel, würden andere lateinamerikanische Länder uns zurückweisen und behaupten, daß die Sowjetunion trotz all ihrer Macht nicht imstande gewesen sei, etwas anderes für Kuba zu tun als nichtssagende Proteste vor den Vereinten Nationen abzugeben. Wir mußten uns irgendeine Möglichkeit einfallen lassen, Amerika mit mehr als Worten zu konfrontieren. Wir mußten ein greifbares und wirksames Abschreckungsmittel schaffen gegen eine amerikanische Einmischung in der Karibischen See. Aber was für eine? Die logische Antwort waren Raketen.«

 Kaum zu glauben, diese schwerwiegende Entscheidung, die zur gefährlichsten

Krise des Kalten Krieges und wohl auch der gesamten Menschheitsgeschichte führte, fällte der damals erste Mann der Sowjetunion und des sozialistischen Lagers, der sich so viel auf seine »kollektive Führung« zugute hielt, offenbar einsam und allein. »Während meines Besuches in Bulgarien kam mir der Gedanke, auf Kuba Raketen mit nuklearen Sprengköpfen zu installieren und ihre Anwesenheit dort vor den Vereinigten Staaten so lange geheimzuhalten, bis es für sie zu spät war, irgend etwas dagegen zu unternehmen«, schrieb er in seinen »Erinnerungen« und enthüllte nachträglich das weitere Horrorszenarium: »Wenn wir die Raketen heimlich installierten und wenn die Vereinigten Staaten erst entdeckten, daß sich unsere Raketen dort befanden, wenn diese bereits auf ihr Ziel gerichtet und abschußbereit waren, dann würden die Amerikaner es sich zweimal überlegen, bevor sie versuchten, unsere Einrichtungen mit militärischen Mitteln zu vernichten. Ich wußte, daß

die Vereinigten Staaten zwar einige unserer Einrichtungen zerstören konnten, aber nicht alle. Wenn ein Viertel oder auch nur ein Zehntel unserer Raketen erhalten blieb – oder wenn auch nur eine oder zwei große übrigblieben –, dann konnten wir noch immer New York treffen, und dann würde von New York nicht mehr viel da sein...«

Das schier Undenkbare wurde ins Werk gesetzt, ohne sonderlich darauf bedacht zu sein, wie die Höllenfahrt im letzten Moment vor dem Abgrund noch zu stoppen sei. Nikita Chruschtschow hatte einen neuen Botschafter nach Kuba geschickt, Alexander Alexejew, er war im kritischsten Moment »unser Mann in Havanna«, ein Journalist, gut bekannt mit Raúl Castro und Che, ein engagierter Freund der kubanischen Revolution. Zuvor, im Mai 1962, war er nochmals eiligst nach Moskau gerufen worden, darüber schrieb er 1988, also zur Zeit von »Glasnost«, einen Bericht: Im Kreml hatte er mit Chruschtschow, Koslow, Mikojan, Marschall Malinowski, Gromyko und dem Chef der Raketentruppen Marschall Birjusow an der entscheidenden Sitzung teilgenommen, die alles ins Rollen brachte. »Chruschtschow stellte unentwegt

Fragen und lenkte die Aufmerksamkeit der Anwesenden darauf, daß Kubas Verteidigungsfähigkeit zu sichern wäre. Er hob die Entschlossenheit der Führung und des kubanischen Volkes hervor, dem amerikanischen Druck zu widerstehen. Plötzlich stand dieses Problem im Raum, es kam für mich so unerwartet, daß es mir den Atem verschlug. Chruschtschow stellte die Frage, wie wohl Fidel reagieren würde, wenn wir ihm anböten, unsere Raketen auf Kuba zu stationieren.«

Nach Alexejews Darstellung wurde er mit Marschall Birjusow Ende Mai nach Havanna entsandt und beauftragt, der kubanischen Führung die streng geheime Raketenstationierung vorzuschlagen. Nach Treffen mit Fidel und Raúl Castro gleich nach der Ankunft, kam es am folgenden Tag zu einer Zusammenkunft, an der außer Fidel und Raúl auch Che Guevara, Präsident Oswaldo Dorticós und Ramiro Valdes teilnahmen: »Ihre Antwort war eindeutig: Ja.«

Raúl Castro erhielt die Vollmacht, in Moskau Verhandlungen über ein Geheimabkommen zu führen. Als der Vertragstext in Havanna vorlag, bestand man kubanischerseits auf Änderungen. Deshalb flog

Che Ende des Monats August nach Moskau, wo auch die offizielle Unterzeichnung erfolgen sollte. »Das Dokument konnte jedoch wegen der sich zuspitzenden Lage nicht auf höchster Ebene unterzeichnet werden«, berichtete Alexejew. »Da es keinen Briefwechsel darüber zwischen Moskau und Havanna gab, findet man in den Archiven keine entsprechenden Dokumente.«

Es waren ja auch längst Tatsachen geschaffen worden, ehe Che zu den abschließenden Gesprächen und Vereinbarungen eingetroffen war. Schon im Juli hatte man damit begonnen, Raketen, Nuklearsprengköpfe und zugehöriges Material sowie militärisches Personal auf die Seereise zu schicken. Es ist unbekannt, wie die Unterredungen Ches darüber in Moskau verlaufen sind und mit wem aus der Führungsspitze er überhaupt zusammentraf. Er blieb diesmal nur wenige Tage und reiste nach den Gesprächen unverzüglich nach Havanna zurück.

In den Erinnerungen Chruschtschows ist davon keine Rede, zu diesem Zeitpunkt bahnte sich bereits die große Krise an, die nicht von Kuba ausging, aber seither diesen Namen trägt. Dem amerikanischen Geheimdienst war nicht entgangen, daß sich die

Zahl der Schiffstransporte aus der Sowjetunion über die Ostsee und den Atlantik inzwischen verzehnfacht hatte, außerdem blieben die Entladungen in den Häfen und der Weitertransport, obwohl ausschließlich nachts und von sowjetischen Militärangehörigen in Zivil oder kubanischen Uniformen ausgeführt, nicht unbemerkt. »Es dauerte nicht lange, bis die USA auf Grund von Aufklärungsfotos zu dem Schluß kamen, daß wir Raketen installierten«, so Chruschtschow – und sein Fazit: »Hinterher ist man immer klüger als vorher...«

Als der amerikanische Präsident John F. Kennedy am 22. Oktober 1962 über Presse, Funk und Fernsehen die Weltöffentlichkeit davon in Kenntnis setzte, daß man auf Kuba zweifelsfrei sowjetische Raketen gesichtet und fotografiert habe und in scharfer Form deren sofortigen Abzug forderte, befanden sich die zur Stationierung vorgesehenen 42 Raketen und die dazugehörigen Sprengköpfe sowie das Personal sämtlich an Ort und Stelle, nur einige Schiffe waren noch mit Ersatzmunition und Lebensmitteln unterwegs. Die Krise spitzte sich immer bedrohlicher zu, und alles, was nun geschah, geschah über die Köpfe der

Kubaner hinweg, die zuallererst auf Leben und Tod davon betroffen waren.

Chruschtschow nannte später »einen Zeitraum von sechs oder sieben Tagen, als die Gefahr besonders akut war«, und weiß zu berichten, wie er sich bemühte, »der Lage etwas von ihrer Hitze zu nehmen«. Er schlug den Mitgliedern der Regierung vor: »Genossen, laßt uns heute abend ins Bolschoj-Theater gehen. Unser eigenes Volk wird das ebenso bemerken wie ausländische Augen und vielleicht wirkt das beruhigend. Man wird sich sagen: ›Wenn Chruschtschow und unsere anderen Führer zu einem Zeitpunkt wie diesem in die Oper gehen können, dann können wir zumindest heute nacht friedlich schlafen.‹« Und dieser makaberen »Theatervorstellung« fügte er noch das Eingeständnis hinzu: »Wir versuchten, unsere eigene Angst zu verbergen, die groß war.«

Der Sowjetbotschafter Alexejew hatte lediglich die jeweils neuesten diplomatischen Noten und Gegennoten, Briefe und Antworten zu übermitteln, die zwischen Moskau und Washington hin und hergingen, auch die Entscheidung über die Umkehr der restlichen Schiffe und schließlich den mit den USA vereinbarten Abzug und Rücktransport der Raketen und IL-28-Bomber. Dies allerdings erfuhr er zuerst vom kubanischen Präsidenten Dorticós, der es wiederum Radiomeldungen entnommen hatte. Dazu Alexejew in seinen Erinnerungen: »Ich fühlte mich als der unglücklichste Mensch auf der ganzen Welt und versuchte, mir sogleich Fidels Reaktion vorzustellen. Dorticós bestätigte mir, daß Fidel zornentbrannt wegen dieser Neuigkeit war und sich sogleich zu einer Beratung mit den Oberbefehlshabern der Armee zurückgezogen hatte.«

Erst Stunden später erhielt der Sowjetbotschafter ein verschlüsseltes Telegramm aus Moskau, das die Gründe der über die Köpfe der Kubaner hinweg getroffenen Entscheidung nannte: Jegliche andere Entscheidung hätte den Weltkrieg und damit auch den Untergang der kubanischen Revolution bedeutet. Jetzt, so wurde versichert, verfüge Kuba über eine Atempause für eine friedliche Entwicklung, weil sowohl Kennedy, der ohne Zweifel für eine zweite Amtsperiode wiedergewählt werde, als auch die darauffolgende Administration sich an das Ehrenwort, Kuba nicht zu überfallen, halten müßten. »Dieses Telegramm trug etwas zur Beruhigung von Präsident Dorticós bei«, so der Botschafter, »wie Fidel darauf reagierte, erfuhr ich nicht, da ich nach wie vor nicht mit ihm zusammenkam. Er besuchte zu dieser Zeit viele Regimenter und Betriebe und rief das Volk dazu auf, seine Einheit zu festigen und die Verteidigungsbereitschaft zu stärken.«

Nikita Chruschtschow konstatierte hingegen in seinen Erinnerungen: »Die Lage stabilisierte sich. Fast unmittelbar, nachdem der Präsident der Vereinigten Staaten und ich auf dem Höhepunkt der Krise Noten gewechselt hatten, begannen sich unsere Beziehungen wieder zu normalisieren. Unsere Beziehungen zu Kuba aber verschlechterten sich plötzlich. Castro empfing nicht einmal mehr unseren Botschafter. Es schien, daß wir durch den Abzug unserer Raketen in den Augen der Kubaner eine moralische Niederlage erlitten hatten. Unsere Aktien in Kuba fielen, anstatt zu steigen.«

Josef Lawrezki, der Verfasser einer umfänglichen Guevara-Biographie, die in Moskau und 1974 auch in einem DDR-Verlag erschien, schrieb in diesem Zusammenhang, daß die USA durch die »eiserne

Entschlossenheit des kubanischen Volkes« und die »Solidarität der Sowjetunion und anderer sozialistischer Länder« zum »Rückzug gezwungen« gewesen seien. Er berichtete von einer Begebenheit, über die es sonst kein Zeugnisse, aber die widersinnigsten Mutmaßungen gibt: »In diesen für Kuba sorgenschweren Tagen stand Che ebenso wie während des Überfalls der Söldner bei Playa Girón auf seinem Kampfposten als Armeeoberbefehlshaber in der Provinz Pinar del Río. Dort hatte Che einen Unfall: Seine Pistole fiel zu Boden, dabei löste sich ein Schuß, der ihn verwundete.« Daraufhin hätten Konterrevolutionäre das Gerücht in die Welt gesetzt, Che habe mit Fidel Castro Differenzen gehabt und deshalb Selbstmord begangen. Und noch dazu – was eine gewisse Presse seither nimmermüde kolportierte –, »beide hätten mit der Sowjetunion ›gebrochen‹.«

Nach Ches und auch nach Nikita Chruschtschows Tod hat Fidel Castro mit bemerkenswerter Gelassenheit jener Ereignisse gedacht. Im Dezember 1975, auf dem 1. Parteitag der Kommunistischen Partei Kubas, stellte er klar, daß die USA nach dem Fiasko in der Schweinebucht eine direkte

Invasion in Kuba geplant hätten, wie sie wenig später in Vietnam tatsächlich erfolgt sei. Deshalb habe man der von der Sowjetunion vorgeschlagenen Raketenstationierung zugestimmt, um zudem das sozialistische Lager insgesamt zu stärken. Die Regierung der USA habe das souveräne Recht Kubas, über seine internationalen Beziehungen selbst zu entscheiden und die entsprechenden Maßnahmen zu seinem Schutz zu treffen, nicht anerkannt. Dadurch sei der Weltfrieden ernsthaft gefährdet, doch der Krieg zum Glück für die ganze Menschheit verhindert worden. Aber die Regierung der USA habe auch erfahren müssen, wohin ihre sinnlose, nutzlose und abenteuerliche Aggression gegen ein kleines, unbeugsames Volk zu führen drohe, nämlich zu einer Katastrophe, und daß es unverrückbare Grenzen ihrer imperialistischen Allmacht gäbe. Sie hätten sich zu dem Kompromiß gezwungen gesehen, Kuba nicht anzugreifen. »Uns Kubanern fiel es damals schwer, den Wert dieses Kompromisses zu verstehen«, gestand er ein. »Heute – nach dreizehn Jahren – sehen wir objektiv, daß die Oktoberkrise von 1962 ein Sieg für das revolutionäre Lager war.«

Von Che wissen wir, daß er dieselbe Haltung einnahm, wie er ausdrücklich 1965 in seinem Abschiedsbrief an Fidel feststellte: »Ich erlebte großartige Tage und fühlte an Deiner Seite während der leuchtenden und schweren Tage der Oktoberkrise den Stolz, zu unserem Volk zu gehören. Nur selten hat ein Staatsmann wie Du in jenen Tagen geglänzt; ich bin auch stolz darauf, Dir in jenen Tagen ohne zu schwanken gefolgt zu sein, mich identifiziert zu haben mit Deiner Art zu denken und die Gefahren und Prinzipien zu sehen und einzuschätzen.«

Nicht unerwähnt sollte bleiben, daß Nikita Chruschtschow in der ihm eigenen schlicht-rabiaten Art jene Krise, die er »eine Episode der Weltgeschichte« nannte, in seinen »Erinnerungen« aus dem Jahr 1970 auf den unheimlichen Nenner brachte: »Indem wir die Welt an den Rand eines Atomkrieges brachten, gewannen wir ein sozialistisches Kuba.«

Revolutionäre Ideale und Sozialismus

Che Guevara war alles andere als ein Träumer, doch jede seiner Reden und Handlungen, die keinen Zwiespalt kannten, bezeugen gerade zu dieser Zeit seine revolutionären Ideale – dieses Wort zu gebrauchen, scheute er sich nicht. Seine Ideale waren eine dreifache Befreiung: die soziale Befreiung von Ausbeutung, Not, Elend, Armut, die nationale Befreiung von imperialistischer Knechtschaft und damit die menschliche Befreiung von jeglicher Unterdrückung und Erniedrigung – für diese Befreiung zu kämpfen hielt er alle Mittel und Waffen für gerecht.

»Wir müssen zeigen, wessen wir fähig sind; wir müssen zeigen, was eine Revolution erreichen kann, wenn sie an der Macht ist, wenn sie sich ihres objektiven Zieles sicher ist, wenn sie an die Gerechtigkeit ihrer Ziele glaubt und den Weg, den sie gewählt hat; und wenn sie entschlossen ist, wie unser Volk es war, keinen Schritt zu weichen, als es um unser legitimes Recht ging«, sagte er in einer Rede vor Arbeitern 1963, im Jahr nach der Krise. Er verwies auf den Bürgerkrieg und die Interventionen gegen die junge Sowjetunion »in jenen schrecklichen und zugleich wunderbaren Jahren in der Geschichte der Menschheit« und kam direkt auf die jüngsten Ereignisse zu sprechen: »Gegen Ende des vergangenen Jahres haben wir den USA eine Lektion erteilt, die sie niemals für möglich gehalten hätten, und wir werden ihnen noch mehr Lektionen erteilen. Das ist es, was Kuba über seinen begrenzten Rahmen hinaus Geltung verschafft, und das ist zugleich unser größter Stolz: daß ein Kubaner überall auf der Welt respektiert wird, daß man ihn bewundert, ihn liebt und ihn manchmal fürchtet oder haßt, weil er eine Revolution repräsentiert, die in vier Jahren unerhört viel erreicht hat.«

Selbst heute, da es keine Sowjetunion und keine sozialistischen Staaten in Europa mehr gibt, existiert noch ein sozialistisches Kuba und überall auf der Erde bei vielen Menschen ein großer Respekt vor diesem kleinen Land und Volk. Nicht Kuba hat die Beziehungen zu den »Bruderstaaten« abgebrochen, sondern diese haben mit dem Sozialismus gebrochen. Dazu war keine Krise nötig, die mit Raketen und Atombomben die Welt an den Rand des Abgrunds brachte, nicht einmal die Drohungen, Blockaden und Aggressionen, wie sie Kuba nun seit der Revolution durch die in seinem Nacken sitzenden USA erfährt. Es gibt Grund genug darüber nachzudenken, warum es hier und nicht dort zum Abbruch des gemeinsamen Weges und zum vollständigen Zusammenbruch, zur Verabschiedung von allen sozialistischen Errungenschaften und Idealen kam.

Im Oktober 1962, in den kritischsten Tagen und Stunden, als über ihre Köpfe hinweg agiert und entschieden wurde, konnte bei den Kubanern der Eindruck entstehen, daß auch die Sowjetunion als Großmacht im Sinne ihrer weltweiten Interessen handelte und die kleine Insel der Revolution notfalls als Bauernopfer preisgab. Anlaß zu Zweifeln, zur Sorge und auch zu Wut und Zorn gab es, die Eskapaden und Eigenmächtigkeiten Chruschtschows trugen beträchtlich dazu bei. Niemals jedoch wäre es Männern wie Fidel und Raúl Castro oder Che in den Sinn gekommen, ihre Entscheidung für den Sozialismus auch nur um Nuancen in Frage zu stellen oder gar damit zu brechen. Zudem hätte damals keine andere Macht der Welt als die Sowjetunion den dreisten USA-Aggressionen überhaupt entscheidend Paroli bieten können – und Paroli mußte weiter und weiter geboten werden.

Schon im Februar 1963 hatte Che, der sein Amt als Industrieminister genauso ernst nahm wie das des Comandante der Revolutionsarmee, eine gewissenhafte Bilanz der realen Lage im Land zur Zeit der tödlichen Bedrohung gezogen. Er nannte es ein »Phänomen«, daß es, »als es am schwierigsten wurde und das ganze Land seine Kräfte anspannte, um den feindlichen Ansturm abzuwehren, die industrielle Produktion nicht sank, das Fernbleiben von der Arbeit aufhörte und die Probleme unerwartet schnell gelöst wurden.« Ein großer patriotischer und revolutionärer Elan habe die große Mehrheit des kubanischen Volkes erfaßt, und jeder Arbeiter habe sich in einen Soldaten der Wirtschaft verwandelt. Der ideologische Motor, der Ansporn

Ernesto Che Guevara auf einer Veranstaltung des kommunistischen Jugendverbandes UJC.

sei die Aggression von außen gewesen. Auf alle Fälle galt es die Produktion aufrechtzuerhalten, bestimmte Produktionen zu forcieren und Zweitrangiges zurückzustellen, das sei geschehen. »Die besondere Verantwortung, die jedes Individuum trug, zwang es, schnelle Entscheidungen zu treffen; wir befanden uns im nationalen Notstand, und Entscheidungen mußten getroffen werden, ob richtig oder falsch, und zwar schnell.« Er zog daraus die »Lehre«: »Daß wir unseren Werktätigen, Arbeitern, Bauern und Angestellten eindringlich erklären müssen, daß die Gefahr der imperialistischen Aggression weiter über unseren Köpfen schwebt, daß es mit dem Frieden nicht weit her ist und wir verpflichtet sind, die Revolution weiter zu festigen, denn sie ist unsere einzige Garantie gegenüber jeder neuen Invasion. Je teurer es für den Imperialismus wird, diese Insel einzunehmen, je stärker unsere Verteidigung und je besser das Bewußtsein unserer Bürger ist, desto mehr wird er es sich überlegen; zugleich bringt uns die wirtschaftliche Entwicklung des Landes größere Erleichterung, bringt uns größerem Wohlstand näher. Daß jenes große Beispiel der Mobilisierung durch die imperialistische Aggression sich in ein

Ernesto Che Guevara bei einem freiwilligen Arbeiseinsatz.

permanentes Vorbild verwandele, ist unsere ideologische Aufgabe.«

Er sah Schwierigkeiten, Gefahren und Bedrohungen nicht als Hindernisse auf dem Weg zum erstrebten Ziel, sondern als Herausforderung zur Verdoppelung der Kräfte und erhöhten Entschlossenheit. »Seien wir Realisten, versuchen wir das Unmögliche«, kennzeichnet wohl wie kein anderes Wort die Dynamik seines Denkens und Handelns, die von den Erfahrungen des Guerillakampfes, den sozialen, politischen, wirtschaftlichen und kulturellen Befreiungstaten seither und der Abwehr konterrevolutionärer Anschläge und Aggressionen ausging. Schier »Unmögliches« war versucht und gewonnen worden, aber noch längst nicht alles und in seinen Augen nicht einmal das Mögliche und Notwendige. Das war die große Herausforderung, die er sah, nicht nur für sich, sondern für alle, jedoch für sich immer zuallererst.

Fidel Castro sagte von ihm: »Er sah mit großer Klarheit in den moralischen Kräften die entscheidenden Hebel für den Aufbau des Kommunismus in der menschlichen Gesellschaft. Als unermüdlicher Arbeiter kannte er keinen Tag der Ruhe in all den Jahren, in denen er unserem Land diente. Die Verantwortlichkeiten, die man ihm übertrug waren zahlreich: Präsident der Nationalbank, Industrieminister, Befehlshaber der Militärbezirke, Leiter politischer, wirtschaftlicher und freundschaftlicher Delegationen. Dank seiner Intelligenz war er fähig, jede Aufgabe mit größter Sicherheit zu übernehmen.«

Sein persönliches Credo als Revolutionär und Sozialist hat Che in seinem Aufsatz »Der Sozialismus und der Mensch in Kuba« gegeben, den er 1965 schrieb, als er schon zu neuen Kämpfen aufgebrochen war: »Es geht nicht darum, wieviel Kilogramm Fleisch man ißt oder wieviel Mal im Jahr man am Strand spazierengehen kann, auch nicht darum, wieviel hübsche Sachen aus dem Ausland man sich von den derzeitigen Löhnen kaufen kann. Es geht eben darum, daß das Individuum sich erfüllter fühlt, mit viel größerem inneren Reichtum und mit viel größerer Verantwortlichkeit... Lassen Sie mich sagen, auch auf die Gefahr hin, lächerlich zu erscheinen, daß der wahre Revolutionär von großen Gefühlen der Liebe geleitet wird. Es ist unmöglich, sich einen echten Revolutionär ohne diese Eigenschaft vorzustellen. Vielleicht liegt hierin das große Drama jedes Führenden: er muß mit einer leidenschaftlichen Seele einen kühlen Intellekt verbinden und auch schmerzliche Entscheidungen treffen, ohne mit der Wimper zu zucken. Er muß diese Liebe zum Volk und die geheiligten Ziele bis zur Vollkommenheit entwikkeln, niemals das eine ohne das andere. Er kann nicht mit der kleinen Dosis täglicher Zuneigung zu den Plätzen heruntersteigen, wo die Menschen sie gewöhnlich zeigen. Die Führer der Revolution haben Kinder, die beim ersten Stammeln nicht den Vater nennen lernen, Frauen, die ein Teil ihres allgemeinen Verzichts auf das Leben sein müssen, um die Revolution zu ihrer Bestimmung zu führen; der Kreis der Freunde ist streng begrenzt auf den Kreis der Revolutionsgefährten. Es gibt kein Leben außerhalb der Revolution. Unter diesen Umständen braucht man ein großes Maß an Menschlichkeit, ein großes Maß an Gerechtigkeits- und Wahrheitssinn, um nicht in dogmatische Extreme, in kalte Scholastik zu verfallen, um sich nicht von den Massen zu isolieren. Jeden Tag müssen wir kämpfen, damit diese Liebe zur lebendigen Menschheit sich in konkrete Tat umsetzt, in Handlungen, die als Vorbild, die als Mobilisierung dienen.«

Es nimmt nicht wunder, daß Che, der ohnedies überall, wohin es ihn verschlug, Bücher mit sich herumtrug und Gedichte, die er liebte, im Gespräch und in Reden zitierte und kommentierte, auch auf Brechts »Die Teppichweber von Kujan-Bulak ehren Lenin« stieß, die, statt ihre gesammelten Kopeken für eine gipserne Leninbüste auszugeben, lieber Petroleum kauften, um durch ein Feuer den Sumpf der tödlichen Fieber trockenzulegen:

So nützten sie sich, indem sie Lenin
ehrten, und
Ehrten ihn, indem sie sich nützen, und
hatten ihn
Also verstanden.

Das war ganz in dem Sinne, wie Che es »verstand«, was er in ganzen Bibliotheken über Politik und Volkswirtschaft und vor allem bei Marx, Engels und Lenin indessen gelesen hatte: »Man darf niemals denken, ein Marxist sei eine automatisch und blind-fanatisch funktionierende Maschine, etwa ein Torpedo, der durch ein Steuerungssystem auf ein bestimmtes Ziel gerichtet ist.« Er wandte sich gegen jede Versimplung, das Schönreden von Konflikten und das Denken in Schablonen, dies deutlich in seiner Rede 1963 vor Arbeitern über die »Aufgaben der Partei«, die damals in Kuba faktisch schon Kommunisten und Revolutionskämpfer vereinte: »Die großen fundamentalen gesellschaftlichen Wahrheiten sind aufgedeckt, und wenn man von ihnen ausgeht, wenn man den dialektischen Materialismus als Instrument anwendet, kann man heute überall auf der Welt die Wirklichkeit deuten. Darum aber können die Aufbauarbeiten an den verschiedenen Punkten der Erde nicht die gleichen sein; alle werden ihre besonderen Charakteristika haben, ihrer eigenen Entstehungsweise entsprechend. Und die Züge unserer Revolution sind ebenfalls unverwechselbar. Man kann sie nicht von den großen Wahrheiten lösen, man kann also die durch den Marxismus entdeckten Maximen nicht ignorieren; sie sind nicht erfunden, sind nicht als Dogmen aufgestellt, sondern in der Analyse der Entwicklung der Gesellschaft aufgedeckt worden. Trotzdem wird es jeweils besondere Bedingungen geben, und die Mitglieder der Vereinigten Revolutionspartei werden erfinderisch sein, werden die Theorie weiterentwikkeln und die Praxis dann der Theorie und den besonderen Bedingungen des Landes anpassen müssen, in dem wir zufällig leben und kämpfen. Das bedeutet, daß die Errichtung des Sozialismus in Kuba den Marxismus nicht mechanisch anwenden darf. Dieser Mechanismus führt nur zu stereotypen Formen, führt zu Geheimkadern, zu Günstlingswirtschaft. Man muß hingegen dialektisch arbeiten: man muß sich auf die Massen stützen, sie durch das aktive Beispiel anspornen, man muß die marxistische

Ideologie, den dialektischen Materialismus wirklich gebrauchen und jederzeit Bahnbrecher sein.«

Kein Zweifel, solche Reden werden damals für manche im sozialistischen Lager ein arger Stachel gewesen sein – wie seinerzeit auch Brechts Gedicht von den Teppichwebern in Kulan-Bulak und ihrem Verzicht auf den gipsernen Lenin. Nein, den wollte auch Che nicht, obwohl er 1964 noch einmal nach Moskau reiste und sich vor dem einbalsamierten Lenin im Mausoleum verneigte, ehe er alle seine Ämter in Kuba aufgab und wieder seinen Guerillero-Rucksack schnürte.

Zu neuen Kämpfen

Es ist viel über Ches Weggang von Kuba und sein zeitweiliges Verschwinden gerätselt worden, und die wildesten Gerüchte kursierten und verstummten nicht, als die Welt im Oktober 1965 von dem an Fidel Castro gerichteten Abschiedsbrief erfuhr, auch nicht nach seinem Tod und trotz besseren Wissens bis heute nicht. In jenem Brief hieß es: »Ich fühle, daß ich meinen Teil der Pflicht erfüllt habe, die mich an die kubanische Revolution auf ihrem Gebiet band, und nehme Abschied von Dir, von den Compañeros und von Deinem Volk, das bereits auch meines ist.« Er hatte formell seinen Rücktritt von seinen Ämtern in der Parteiführung, im Ministerrat, vom Rang als Comandante und von der ihm verliehenen kubanischen Staatsbürgerschaft erklärt. »Andere Gebiete der Welt benötigen den Beitrag meiner bescheidenen Bemühungen…«

Was die Sensationspresse verbreitete und welche Hirngespinste und Lügen die geschworenen Feinde Kubas ausstreuten – bis hin zu Mord- und Totschlaggeschichten – verwunderte nicht. Aber auch wohlmeinende Bücher- und Artikelschreiber der linken Szene ergingen sich in abenteuerlichen, völlig abwegigen Mutmaßungen. »Viele nennen mich einen Abenteurer, und ich bin einer, nur einer von besonderer Art«, hatte er zur selben Zeit wie an Fidel an die Eltern geschrieben. Von dieser »besonderen Art« hätte sich jeder, sollte man meinen, durch das Leben und die Schriften des Che schon bis dahin genügend Kenntnis verschaffen können. Selten hatte jemand wie er – kaum ein Politiker jedenfalls – so offen seine Ziele und Prinzipien zu erkennen gegeben und ohne Wenn und Aber danach gehandelt. In dem Brief an die Eltern findet sich das Bekenntnis: »Im wesentlichen hat sich nichts geändert, außer daß ich heute viel bewußter bin, mein Marxismus ist verwurzelt und geläutert. Ich bin überzeugt, daß der bewaffnete Kampf die einzige Lösung für die Völker ist, die ihre Befreiung erstreben, und ich bin konsequent in meinen Auffassungen.«

In südamerikanischen Zeitungen und rund um die westliche Welt wurden Mitte des Jahres 1965 Sensationsgeschichten lanciert, die Che geradezu auf einer Geisterfahrt in Kolumbien, Peru, Chile,

Argentinien, Brasilien, Uruguay, Honduras, Vietnam und sogar in einer psychiatrischen Klinik in Mexiko gesichtet haben wollten. Auch in einer kubanischen Nervenklinik namens »Calixto Garcia« sei er angeblich, wie ein CIA-Memorandum aus sicheren »östlichen« Quellen zu wissen vorgab, wegen seines »physisch und psychisch völlig ausgebrannten Zustands« einer Zwangsbehandlung unterzogen worden. Vielfach wurde sein gewaltsamer Tod in irgendwelchen Weltgegenden gemeldet – die kurioseste Variante war: Ches Leiche sei im nordamerikanischen Spielerparadies Las Vegas in einem Keller gefunden worden.

Erste Hinweise, wo er sich nach dem März 1965 – als er zum letzten Mal in Havanna gesehen wurde – wirklich aufgehalten hatte, gaben Politiker und Journalisten, die sich freilich auch nur auf dürftige Informationen stützten und zu weiteren Spekulationen beitrugen. Der Soziologieprofessor vom Institut für afrikanische Studien in Genf, Jean Ziegler, der Che dort 1964 zur Welthandelskonferenz getroffen hatte, »erkannte an jenem Abend«, daß dieser »im vollständigen Ruinenfeld der alten Gesellschaft, der alten Institutionen, der alten Herrschaftsbeziehungen« den neuen »geläuterten, gelösten, den wirklichen Menschen« erstehen lassen wolle. »Hier folge ich einfach einer Eingebung, die sich im Genfer Gespräch entwikkelt hat«, und er schloß dreist daraus: »Guevara glaubte an die therapeutische Wirkung der Gewalt.« Zwar hatte Ziegler, nach eigenem Eingeständnis, nichts über Ches »Pläne« erfahren, »trotz seines im Grunde herzlichen Wesens«, auch sonst habe es nur »magere Indizien über diese Zeit« gegeben. Doch bereits 1968 veröffentlichte er »Erinnerungen an Che Guevara – Guerilla in Afrika« mit der damals aufsehenerregenden Mitteilung: »Tatsache ist, daß Guevara Ende Juli 1965 (spätestens) in Zentralafrika auftauchte.« Er bezieht sich vor allem auf Aussagen eines ehemaligen Ministers

Ernesto Che Guevara während seiner Rede vor der XIX. Vollversammlung der Vereinten Nationen, 11. Dezember 1964

der Aufstandsregierung von Kongo-Kinshasa und meinte, »daß Guevara mit großer Wahrscheinlichkeit die Guerilla-Front am Westufer des Tanganyika-Sees befehligt hat«.

Es ist deshalb nicht exakt, wenn in dem 1994 (1996 in deutsch) erschienenen Buch »Das Jahr, in dem wir nirgendwo waren« gesagt wird, daß erst 1990 »in einigen kubanischen Zeitungsartikeln allmählich Anhaltspunkte« über Ches Präsenz im Kongo durchsickerten. Im Bewußtsein vieler, denen er etwas bedeutete, war dieses Jahr bisher kein »Nirgendwo«, sondern ein »Ungefähr« und »Irgendwo in Afrika.« Das allerdings klärte und präzisierte dann auf eindrucksvolle Weise dieses kubanische Buch, in dem wesentliche Passagen aus einem nachträglichen Kongo-Report des Che und Berichte einiger kubanischer und afrikanischer Mitkämpfer erstmalig veröffentlicht sind. Damit wird nicht nur Nebelhaftes ausgeräumt und seine Biographie im Ganzen überblickbar, sondern überhaupt erst ein Verständnis für das Denken und Handeln dieses Mannes bis zu den letzten Herausforderungen, denen er sich stellte, möglich.

Ab Mitte Dezember 1964 und im Januar, Februar und bis in die erste Märzwochen 1965 hinein war Che Guevara, nachdem er an der UN-Vollversammlung in New York teilgenommen und eine vielbeachtete Rede gehalten hatte, durch zahlreiche afrikanische Länder gereist: Algerien, Mali, Kongo-Brazaville, Ghana, Dahomey, Tansania, Ägypten. Er traf sich mit Politikern wie Ben Bella, Nkrumah, Séke Touré, Nasser, Nyerere, mit Führern der Befreiungsbewegungen, Journalisten, Studenten, besuchte Guerilla-Basen, Stauseen, Naturschutzparks, neue Fabriken. Zwischendurch flog er für zehn Tage in die Volksrepublik China und sprach mit Mao Tse-Tung und Tschou En-Lai. Bei einem seiner längsten Aufenthalte, in Tansanias Hauptstadt Daressalam, kam es bei einem Palastempfang zwischen Che und Nyerere zu einem Gespräch über wirtschaftliche Hilfsprogramme und die Unterstützung der revolutionären Bewegungen.

Das war für Che wichtig, der bereits mit revolutionären Gruppen Kontakt hielt, insbesondere mit der kongolesischen Befreiungsbewegung. Er schrieb darüber in seinem Report: »Überaus lehrreich war der

Besuch in Daressalam, Aufenthaltsort einer beachtlichen Zahl von freedom fighters, die in ihrer Mehrheit bequem in Hotels untergebracht leben und aus ihrer Situation einen richtigen Beruf gemacht haben, ein zuweilen lukratives und immer behagliches Gewerbe. In dieser Atmosphäre fand eine Reihe von Gesprächen statt, in denen zumeist militärisches Training auf Kuba und finanzielle Hilfe gewünscht wurden. Das war fast immer das Leitmotiv. Ich lernte auch eine Gruppe kongolesischer Kämpfer kennen. Seit dem ersten Treffen hatten wir Gelegenheit gehabt, die außergewöhnliche Menge unterschiedlicher Meinungen und Tendenzen präziser einzuschätzen, die es in der Führungsgruppe der kongolesischen Revolution gibt. Zunächst bekam ich Kontakt zu Kabila und seinem Generalstab. Er machte einen ausgezeichneten Eindruck auf mich...«

Es war derselbe Laurent Kabila, der mehr als drei Jahrzehnte später mit der »Befreiungsarmee von Kongo« den Schlußpunkt der wieder aufgeflammten Kämpfe zu setzen versuchte und dann desto mehr ins politische Zwielicht gerückt wurde, je wortreicher er eine »Befreiung« oder wenigstens

»Befriedung« verfocht. Ihm bot Che damals an, »Ausbilder und im Rahmen unserer Möglichkeiten Waffen« zu schicken, was »hocherfreut« akzeptiert wurde. Man bat um Eile und daß es möglichst »schwarze« Kubaner sein sollten, schließlich einigte man sich auf eine Zahl von hundertdreißig Ausbildern. Das war kein spontaner Entschluß Ches, sondern ging auf Absprachen mit der kubanischen Regierung und Castro zurück, der später dazu erklärte: »Damals hatte die Intervention im Kongo, im heutigen Zaire stattgefunden – der Tod Lumumbas, all das. In Zaire gab es ein neokoloniales Regime und eine Bewegung im bewaffneten Kampf. Die revolutionäre Bewegung ersuchte uns um Hilfe, wir sollten ihnen in einer internationalistischen Mission Ausbilder und Kämpfer schicken.«

Es war jedoch zunächst nicht vorgesehen, daß Che selbst daran teilnehmen oder sich gar an die Spitze dieser Gruppe stellen sollte. Weniger bekannte Revolutionsgefährten sollten die Anfangsschritte unternehmen und optimale Bedingungen für Aktionen der dortigen Befreiungsbewegung schaffen. »Er begann ganz offensichtlich ungeduldig zu werden, wollte seine alten Pläne und

Ideen in die Tat umsetzen«, so Castro, als er nach Ches Tod darüber berichtete. Denn was im Kongo geschah, war für Che kein lokales afrikanisches Problem, sondern ein »globales«, wie er es auch immer wieder seinen Gesprächspartnern in Afrika klarzumachen versucht hatte. Deshalb betrachtete er es nicht als eine Wartestellung oder Vorbereitung auf weitere Kämpfe, die er vor allem für Südamerika voraussah – er stellte sich und die Kubaner, die mit ihm gingen, auf einen langen harten Kampf ein.

Bekannt war, daß die USA dem Mobuto-Regime Waffen und Geld zur Verfügung stellten und die CIA Söldner in den Kongo einschleuste, B-26 Bomber mit Exilkubanern als Piloten, die schon an der Schweinebucht-Invasion teilgenommen hatten. Sie flogen Angriffe gegen die Aufständischen, später verkündeten einige von ihnen, sie würden wiederum an derselben Front und gegen denselben Feind kämpfen.

Noch als Che in Afrika umherreiste, wurden in Kuba die Männer für den Einsatz im Kongo ausgewählt und zu strengster Geheimhaltung verpflichtet. Für Führungsaufgaben suchte man bewährte Sierra-Kämpfer aus, darunter zahlreiche hohe

Offiziere, die nach dem Sieg der Revolution verantwortungsvolle Aufgaben in der Rebellenarmee, in der Regierung oder der Partei übernommen hatten. Auch eine Anzahl junger Compañeros, die noch an den letzten Kämpfen teilgenommen oder sich in den Volksmilizen und der Jugendorganisation bewährt hatten,

Che mit kongolesischen Kämpfern. Kongo, 1965.

wurden befragt, ob sie zu einem Einsatz »außer Landes« bereit seien. Nur »schwarze Compañeros« kamen in Frage, fast alle sagten sofort ja. In einem Ausbildungslager bei Pinar del Río bereiteten sie sich mit Gewaltmärschen durch die Berge, Geländekampf-, Schieß- und Guerillatrainung auf den Einsatz vor. Alle waren zu absoluter Diskretion und Geheimhaltung verpflichtet, durften weder Briefe schreiben noch welche empfangen, Ausgang gab es nicht. Nur zu kurzer Verabschiedung von den Familien wurde auf Castros Veranlassung unter strengsten Auflagen Gelegenheit gegeben.

Fidel Castro war Anfang April in das Lager gekommen, wo die Brigade schließlich auf etwa achtzig Mann angewachsen und auch Che Guevara eingetroffen war. Fidel ließ alle zusammenrufen und sagte, es würde nicht leicht werden, es sei eine schwierige Mission, und er würdigte das gute Verhalten der Brigade während der Ausbildung. Er war beunruhigt über die Folgen der Ermordung Lumumbas und über die Repression durch die Belgier. Che war als »neuer Chef« der Brigade vorgestellt worden, einige seiner engsten Kampfgefährten hatten ihn zunächst nicht erkannt: Sein Haar war kurz geschoren, er trug eine verspiegelte Sonnenbrille, künstliche Augenlinsen und eine Zahnprothese.

Er und alle anderen hatten Decknamen erhalten, falsche Papiere. Selbst die Fahrt zum Flughafen Havanna und die Abreise erfolgten konspirativ. Mit einer sowjetischen Maschine gelangte die Gruppe, mit der Che flog, über Moskau und weitere Zwischenlandungen am 19. April 1965 nach Daressalam. Der kubanische Botschafter Rivalta, der an Ches Seite in Escambray gekämpft hatte, erkannte auf dem Flughafen zuerst auch den »Compañero« nicht:

»Es war ein Weißer. Ein Mensch mittleren Alters mit Sonnenbrille, etwas füllig. Ich denke an die Momente zurück, die wir im Untergrund verbracht haben, an diese Art von Leuten, und sage zu mir: das ist bestimmt ein Compañero, der Dreke und Papi kontrollieren soll, und schaue ihn mir noch mal an und noch mal, denn wirklich, seine Augen sind unverwechselbar.«

Victor Dreke war als Chef der kubanischen Brigade vorgesehen gewesen, nun Ches Stellvertreter. Während des Revolutionskrieges in Kuba hatte er an Ches Seite in El Escambray und Santa Clara gekämpft. Er war Mitglied des Revolutionären Direktoriums gewesen und führte nun in Tansania die Verhandlungen mit der Führung der kongolesischen Befreiungsbewegung, während Che sich inkognito hielt und als Übersetzer ins Französische auftrat, dabei keineswegs passiv blieb. »Geh auf das ein und das ein«, forderte er mitten in der Übersetzung auf spanisch von Dreke, und der fügte seinen Teil hinzu, damit es nicht so auffiel.

Die Gespräche mit den Kongolesen gestalteten sich schwierig, weil Kabila, dem Che am meisten vertraute, sich zu dieser Zeit mit den anderen Mitgliedern der revolutionären

Regierung in Kairo aufhielt, um dort über die Einheit des afrikanischen Befreiungskampfes und das eigene neue Kampfprogramm zu diskutieren. Zwar wurde die Entsendung der Kubaner ins Kampfgebiet von den in Tansania anwesenden Vertretern akzeptiert, auch die vorgesehenen Verstärkung auf hundertdreißig Mann, doch es sollte unter äußerster Geheimhaltung geschehen. Che schrieb in seinem Report: »Ein Delegierter brach nach Kairo auf, um Kabila und seinen Compañeros mitzuteilen, daß die Kubaner eingetroffen seien (ohne ihn freilich von meiner Anwesenheit zu unterrichten).«

Es wurden die noch fehlenden Ausrüstungsgegenstände gekauft: Rucksäcke, Anoraks, Messer, Wolldecken und auch ein Boot, um über den Tanganyika-See ins kongolesische Kampfgebiet zu kommen. Am 23. April brach Che mit 13 Männern als Voraustrupp in Lastwagen auf und erreichte in der Nacht Kigoma, den kleinen tansanischen Ort am Westufer des langgestreckten, etwa fünfzig Kilometer breiten Sees. »Auf geht's!« rief er den Männern zu und erinnerte an die Bedingungen: »Fünf Jahre als Freiwillige, möglicherweise würden wir auf uns selbst gestellt bleiben«, und dann stiegen sie zur Überfahrt ins Boot, dessen Motor erst nach mehreren Versuchen in Gang kam. Che legte seine Verkleidung ab, entfernte die Zahnprothese und die künstlichen Augenlinsen – der Che war wieder der Che.

Sie steuerten Kibamba auf dem gegenüberliegenden Ufer an, ein Ort am Hang eines Hügels. Fünfhundert Meter dahinter befand sich das erste Lager der Kongolesen von der Armee Populaire de Liberation, die überrascht von der Ankunft der Kubaner waren, sie aber freudig und mit Schlachtrufen und Gesängen empfingen. Die Kongolesen waren erstaunlich gut mit belgischen, chinesischen und sowjetischen Waffen ausgerüstet, nannten Zahlen von Tausenden Kämpfern an mehreren Fronten, deren Ausbildung jedoch mangelhaft sei.

Che schlug schon kurz nach seiner Ankunft vor, Zwanziger-Gruppen unter Führung jeweils eines Kubaners zu bilden und sofort mit einer infanteristischen Grundausbildung zu beginnen. Trotz Drängens wurde es aber nicht in die Tat umgesetzt, auch der Abmarsch aus dem Lager in die Berge verzögerte sich zu Ches Ärger, weil auf die kongolesischen Befehlshaber gewartet werden sollte – Kabila befand sich noch immer in Kairo, andere in Daressalam, an den Fronten herrschte demzufolge Passivität.

Immer erschreckender war der Einblick, den man vom Organisationsdesaster der Befreiungsarmee erhielt. »Man jonglierte mit sagenhaften Zahlen über die Truppenstärke, einer meldete tausend, der nächste zweitausend, und so fort«, notierte Che. »Die Sendungen mit Waffen und Ausrüstung waren unvollständig; Kanonen und Maschinengewehren fehlten entscheidende Teile, andere Gewehre trafen mit falscher Munition ein, Minen ohne Zünder, all dies war beim Nachschub aus Kigoma selbstverständlich. Am Strand lagen Nahrungs- und Waffenreserven herum, alles durcheinander in einem fröhlichen und brüderlichen Chaos. Mehrere Male versuchte ich zu erreichen, daß sie uns das Lager organisieren ließen, aber es war praktisch unmöglich, auch nur das geringste zu organisieren.«

Einem der örtlichen Führer hatte sich Che als Che Guevara zu erkennen gegeben. Die Reaktion war niederschmetternd, es dürfe niemand erfahren, ein »internationaler

Skandal« müsse befürchtet werden. Durch Eilboten wurde es dem fernen Kabila gemeldet, der Che umgehend ausrichten ließ, »er möge seine Identität weiterhin unter Verschluß halten«. Die Wartezeit im Lager zehrte an den Nerven. Che betätigte sich als Arzt in der dort eingerichteten ambulanten Station. Er behandelte die Soldaten und Bauern aus der Umgebung, besonders grassierten Geschlechtskrankheiten, die Malaria, tropische Fieber, an denen auch fast alle Kubaner litten. Er erfuhr erstmals von dem »Dawa-Zauber«, an den die kongolesischen Soldaten und auch hohe und höchste Offiziere glaubten, da er verhieß, im Kampf unverwundbar zu sein. Che schrieb über diese »Medizin« in seinem Report: »Im Prinzip eine Flüssigkeit, in der Kräuterextrakte und andere magische Materialien aufgelöst sind, sie wird auf den Kämpfer ausgeschüttet, über den einige kabbalistische Zeichen gemacht werden und dem man fast immer einen Aschefleck auf die Stirn malt; nun ist er geschützt gegen jede Art von feindlichen Waffen.« Es war zu befürchten und erwies sich auch sehr bald, daß damit jeglicher Kampfeinsatz irrational belastet und gefährdet war, deshalb versuchte Che die Verantwortlichen zu gewinnen, diesem Aberglauben entgegenzuwirken. »Es war unmöglich; es ist ein wesentlicher Bestandteil ihres Glaubens. Die politisch am weitesten Entwickelten sagen, daß es eine natürliche, materielle Kraft sei, und daß sie, als dialektische Materialisten, die Macht der ›Dawa‹ anzuerkennen hätten, deren Geheimnisse die Hexer des Dschungels beherrschten.«

Im Mai trafen eine zweite und dritte kubanische Gruppe ein. Es wurde mit Geländeerkundungen und der militärischen Ausbildung kongolesischer Rekruten begonnen. Che gab im Basislager Lektionen über Weltgeschichte, kubanische Geschichte, Französisch, er selbst ließ sich in der Kisuaheli-Sprache unterrichten. Abends bis tief in die Nacht las er Werke von Marti, Mao, Marx und Goethe, die Marx-Biographie von Mehring. Er hatte mehr als zwanzig, bald vierzig Bücher im Gepäck und ließ sich noch weitere sowie Zeitungen und Zeitschriften aus Daressalam nachschicken. Ungeduldig wartete er auf die Erkundungsberichte von den Fronten, die jedoch meist nur besagten: »Niemand kämpfte – trotz guter Bewaffnung. Es existiert keine Organisation«

Mit der dritten Gruppe war der kubanische Minister Osmany Cienfuegos, der mit der tansanischen Regierung Verhandlungen führte, für ein paar Tage ins Basislager gekommen. Er hatte neben Botschaften aus Havanna auch die für Che »traurigste Nachricht des Krieges« von der schweren Erkrankung seiner Mutter überbracht, »in einem Ton, der befürchten ließ, daß es sich lediglich um eine vorbereitende Ankündigung von Schlimmerem handelte«. Als einige Wochen später die kubanische Zeitschrift »Bohemia« mit der Todesnachricht eintraf und er sie las, sagte er, er habe von der schweren Erkrankung gewußt, und begann mit dem Lagerarzt Kumi über seine Kindheit zu reden und wollte einen Tee trinken. »Ich bat ihn, noch nicht zu gehen«, berichtete Kumi. »Er sagte weder ja noch nein, aber er blieb. Wir teilten das Essen miteinander. Er sprach von

Che erläutert einer Gruppe von Kämpfern das Operationsgebiet. Kongo, 1965.

seinem Zuhause und sang Tangos. Erst in der Frühe ging er wieder.«

Kurz darauf, Mitte Juni, forderte Kabila in einem Brief die Unterstützung der Kubaner bei einem Angriff auf Katenga und Front de Force, die größte Festung der Region mit einer Besatzung von dreihundert Askaris und hundert belgischen Fallschirmjägern. Che war untersagt worden, an der Operation teilzunehmen; er beauftragte Dreke mit der Führung und riet zu vorsichtigem Vorgehen, genauem Erkunden und empfahl Hinterhalte zu legen, um eventuelle feindliche Truppenbewegungen abzufangen. In mehreren Briefen an Kabila bat Che dringlich darum, wenigstens als »Politischer Kommissar« mitgehen zu können, doch er erhielt nur ausweichende Antworten oder keine.

So kam es am 29. Juni zu ersten Gefechten der Kubaner an der Seite von Truppen aus Ruanda, die sich der Befreiungsarmee angeschlossen hatten, und am folgenden Tag mit kongolesischen Einheiten bei Makungo (Katenga), ohne daß Che auch nur Beobachter sein durfte. Dreke gab später den Bericht über den Verlauf des Angriffs: »Wir kämpften gegen ein Bataillon von fünfhundert bis sechshundert Mann. Es ging nicht darum, die Kaserne zu erobern (außer, es ergab sich die Möglichkeit), sondern den Gegner in Hinterhalte zu locken. Deshalb hatten wir eine Kanone und Maschinengewehre an den Hinterhalten gelassen. Dies bedeutete, daß wir den Angriff aufrechterhalten mußten, bis die Armee selbst ausrückte.« An Che schrieb er unmittelbar nach dem Kampf: »Wir müssen Sie davon in Kenntnis setzen, daß die ruandischen Compañeros sich auf der ganzen Front ungeordnet zurückgezogen und Waffen, Munition, Verletzte und Tote zurückgelassen haben, die durch unsere Compañeros geborgen wurden.« Vier Kubaner starben, mindestens vierzehn Ruander, darunter der Bruder des örtlichen Befehlshabers Comandante Mundandi. Obwohl die Kubaner angewiesen worden waren, keinerlei Dokumente oder Papiere bei sich zu tragen, fand der Feind in einem Rucksack der Gefallenen des gescheiterten Hinterhalts eine kubanische Zeitung, bei einem anderen ein Tagebuch, ein dritter trug sogar eine Unterhose »Hecho en Cuba«. Noch am selben Tage verbreiteten Radiosender, daß »Ausländer unter den Angreifenden« gewesen seien.

Als Che die »Bilanz« dieser Tage und Wochen zog, nannte er sie »die bis heute unergiebigste von allen«. Positiv sei nur gewesen, daß die Männer an die Front marschiert seien, negativ jedoch die Durchführung dieser Gefechte, worüber er schon vorher Bedenken geäußert hatte. »Das Ergebnis dieses Doppelangriffs war eine große Demoralisierung bei Kongolesen und Ruandern, aber auch unter den Kubanern machte sich eine große Niedergeschlagenheit breit. Jeder unserer Kämpfer hatte die traurige Erfahrung gemacht, zusehen zu müssen, wie die angreifenden Truppen sich im Moment des Kampfes auflösten, wie wertvolle Waffen einfach fortgeworfen wurden, um schneller fliehen zu können.«

Nach dem Rückzug desertierten zahlreiche Kongolesen und Ruander oder baten um Entlassung. Auch einige kubanische Kämpfer und zwei Ärzte baten darum, aus der Brigade ausscheiden und nach Hause zurückkehren zu können, darunter Parteimitglieder. Besonders schmerzlich traf es Che, daß auch El Chino, der schon in der Sierra an seiner Seite gekämpft und sechs Jahre sein Assistent gewesen war, zurückkehren wollte.

In seinem Report stellt er fest, daß »die Auswahl, die man in Kuba getroffen hatte, nicht ausreichend« gewesen sei. Offenbar sei allein auf die »Geschichte des jeweiligen Mannes im bewaffneten Kampf« gesehen worden und man habe nicht »die folgenden Jahre des bequemen Lebens« bedacht, die »ein Individuum auch verändern«. Außerdem gäbe es noch »die große Mehrheit, die erst die Revolution zu Revolutionären gemacht hat«.

Er rief in der Basis die Kubaner zusammen und sprach zum ersten Mal zu allen, die nach und nach eingetroffen waren. Hart und klar umriß er die Lage und die vermutlich mehrjährige Dauer des Kampfes, der vor ihnen läge: »Der Kampf beginnt jetzt, was in Front de Force geschehen ist, war noch nichts, wir werden uns in noch weit schwierigeren Situationen befinden als dieser. Wir dürfen uns den Kongo nicht wie unser Land vorstellen, die Bedingungen sind hier nicht die gleichen, hier gibt es keine Organisation, keine Führung, und es existiert auch keine Organisation im Untergrund, wie wir sie hatten. Wer aus diesem Kampf ausschert, verrät die Revolution und bricht das Wort, das er gegeben hat. Dies ist für die Einheimischen ihr erstes Gefecht gewesen.«

Che versuchte zwar die Schwächen der Afrikaner zu verteidigen, doch war zutiefst über die »Auflösungserscheinungen, die in der Folgezeit die ganze Befreiungsarmee« heimsuchten, beunruhigt, noch mehr allerdings über die Anzeichen von Mutlosigkeit bei den kubanischen Kämpfern. Außerdem bedrückte ihn, daß er selbst zum bloßen Zuschauen verdammt war, und wandte sich immer wieder in fast flehentlichen Briefen an die kongolesische Führung, ihn an die Front zu lassen, doch erhielt stets nur vertröstende oder abschlägige Antworten. Er sei ein »Führer der Weltrevolution, der keine Risiken auf sich nehmen dürfe«, sagte Kabila bei dem einzigen Zusammentreffen mit Che im Basislager, in das der Armeechef endlich Anfang Juli gekommen war. Zunächst wurde wenigstens eine gemeinsame Inspektion zu den verschiedensten Fronten geplant, doch auch dazu kam es wegen Kabilas plötzlicher Abreise nach wenigen Tagen nicht. Che darüber in seinem Report: »Als die Nachricht von Kabilas Abreise die Runde machte, fielen Kongolesen und Kubaner aufs neue in Niedergeschlagenheit.«

In den folgenden Tagen und Wochen sandte Che vier Gruppen der kubanischen Brigade zu den verschiedenen Fronten. Mehrmals kam es gemeinsam mit kongolesischen und ruandischen Truppen an Nachschubwegen zu kleineren Gefechten, bei denen dem Feind empfindliche Verluste zugefügt, Militärfahrzeuge und Panzer zerstört und Waffen erbeutet wurden. Einmal fiel ihnen eine Ladung Whisky in die Hände, die zu einem schlimmen Besäufnis unter den Ruandern führte, ein andermal fanden sie in einem zerstörten Lastwagen reichlich Marihuana und Gehaltslisten der Regierungsarmee (die sich immerhin als sehr nützlich für die Erkundung der tatsächlichen gegnerischen Kampfstärke erweisen sollten).

Mitte August entschied sich Che, seinem aufgezwungenen viermonatigen Wartestand ein Ende zu setzen und das Basislager zu verlassen. In der Frühe des 18. August brach er auf und erreichte in der Nacht den Guerillastützpunkt bei Front de Force, was dort große Freude unter den Compañeros hervorrief. »Er kam mit Tumaini und ›Nr. 24‹, dem Koch«, berichtete später Dreke. »Er war voller Ideen, Bart, olivgrüne Uniform, sowjetische Pistole Kaliber 25, M1-Gewehr,

Baskenmütze. Es ging ihm gut, er war nur ein wenig müde. Wir waren ernsthaft besorgt wegen der Reaktion der Kongolesen auf die Teilnahme des Che am Kampfgeschehen. ›Ich habe nicht erreichen können, daß Kabila kommt‹, sagte Che. ›Nun bin ich ihnen entwischt.‹ Und fügte scherzhaft hinzu: ›Wenn er mich an die Basis zurückholen will, muß er schon hierherkommen. Von allein geh ich nicht zurück.‹ Nun stand er an der Spitze seiner Brigade.«

Nachdem er Übersicht über die verschiedenen Frontabschnitte gewonnen hatte, wo jeweils mehrere hundert bewaffnete Kongolesen und Ruander sowie kleine kubanische Gruppen postiert waren, stieg er selbst weiter in die Bergregion zu dem Lager Calixtes, eines der örtlichen Befehlshaber, nahe Makungo. Das feuchte Klima der Dschungelwälder machte Che zu schaffen; seine Begleiter berichteten von heftigen Asthmaanfällen und daß sie ihm Hundeknoblauch aufsammelten, der dort häufig vorkam und ihm Linderung verschaffte. Unermüdlich setzte er seine Erkundung des Operationsgebietes fort und begleitete auch – entgegen aller Sicherheitsbedenken – den Stabschef der östlichen Front Masenga auf einer

Inspektionsfahrt nach Kazima, das 27 Kilometer nördlich von Kibamba lag. In seinem Report vermerkte Che, daß der kongolesische Stabschef zwar Ordnung in die Dinge zu bringen versuchte, doch nicht gegen die überkommenen Gebräuche ankam und auch dem mangelnden Kampfgeist, der allenthalben festzustellen war, nicht abhelfen konnte.

Im September kündigte sich eine Offensive der Regierungstruppen an, Flugzeuge bombardierten das Frontgebiet und warfen Flugblätter ab. Thsombe war durch einen Militärputsch entmachtet worden, Kimba versuchte, eine neue Regierung zu bilden, und Mobuto, der 1960 schon einmal durch einen Staatsstreich und Verrat an Lumumba die Macht an sich gerissen hatte, agierte bereits als der kommende starke Mann. Er warnte in einer Hetzkampagne die Bevölkerung vor den kubanischen und chinesischen Kommunisten, die in den Kongo eingedrungen seien, um ihre Reichtümer zu stehlen – alle afrikanischen Rebellen sollten sich ergeben, dann würden sie als Kriegsgefangene behandelt. Diese verlogene Kampagne und die heuchlerischen Angebote nach dem brutalen Terror bezeichnete Che als die »Standardmethode von Unterdrückerarmeen« und sah für den Befreiungskampf trotzdem noch die Chance, »daß die Dinge sich bessern würden«.

Es befanden sich inzwischen mehr als 120 Kubaner im Kampfgebiet, doch bis auf eine fünfunddreißig Mann starke Kerntruppe lagen sie verstreut in den Basen am Westufer des Sees, führten kleinere Gefechte und legten Hinterhalte an Verkehrswegen. Sie hielten meist bis zuletzt die Positionen, als die Feindoffensive immer mehr an Boden gewann. Von Abgesandten aus Havanna, darunter der Gesundheitsminister und der Organisationssekretär der Kommunistischen Partei, die überraschend eingetroffen waren, erfuhr Che, daß der neben Kabila wichtigste kongolesische Führer Soumaliot, statt – wie immer wieder dringend gefordert – vor Ort zu sein, nach Kuba gereist war, dort mit Fidel Castro Gespräche geführt und ohne zu wissen, was wirklich »im Landesinneren geschah«, ein völlig falsches Bild der Lage gegeben hatte: »Tatsache ist, daß sie ein idyllisches Gemälde mit militärischen Gruppen allerorten entwarfen, Streitkräften im Dschungel, ständigen Gefechten.« So wurde Kuba weitere finanzielle und militärische Hilfe und die Entsendung von fünfzig Ärzten »abgehandelt«, wogegen Che strikt Einspruch erhob: »Bei fünfzig Ärzten in dem befreiten Gebiet würde der Kongo sich des beneidenswerten Verhältnisses von einem Arzt auf tausend Einwohner rühmen können. Besser als ein solcher Gigantismus ist es, revolutionäre Ärzte zu schicken.«

Das schrieb Che in einem Antwortbrief auf eine Botschaft von Fidel, der an ihn apellierte, sich »nicht entmutigen zu lassen« und ihrer gemeinsamen »Anfangszeiten des Kampfes« zu gedenken, in der es »immer solche Unstimmigkeiten gäbe«. Die Erwiderung Ches zieht ein Fazit der sechsmonatigen Bemühungen und des Kampfes, um eine revolutionäre Armee zu schaffen und die Befreiungsfront im östlichen Kongo zu stabilisieren – und sie gesteht im Grunde das Scheitern ein: »Soumaliot und seine Genossen haben Euch einen großen Bären aufgebunden. Es würde zu weit führen, das ganze Ausmaß der Lügen aufzuzählen, die sie aufgetischt haben. Ich ziehe es vor, Euch die derzeitige Situation mit beigefügter Karte zu erklären. Es gibt zwei Zonen, wo man von so etwas wie organisierter Revolution sprechen kann, diejenige, in der wir uns befinden, und ein Teil der Provinz Kasai, in dem Mudele ist, die große Unbekannte in unserer Rechnung. Im Rest des Landes gibt es nur zusammenhanglose Banden, die im Dschungel überleben; kampflos haben sie alles aufgegeben, genauso wie sie Stanleyville kampflos aufgegeben haben. Dabei ist das noch nicht das Schlimmste, sondern die Einstellung, die unter den Gruppen dieses Gebiets vorherrscht, des einzigen, das über eine Verbindung zum Ausland verfügt. Die Meinungsverschiedenheiten zwischen Kabila und Soumaliot werden jedesmal ernster und als Vorwand herangezogen, um mit der kampflosen Übergabe von Städten fortzufahren. Ich kenne Kabila inzwischen gut genug, um mir über ihn keine Illusionen mehr zu machen. Ein Bataillon würde ausreichen, um die Grenzen wieder herzustellen, die wir vorgefunden haben, als wir hier eintrafen, und gegen Albertville vorzugehen, aber es kommt in diesem Fall nicht auf die Zahl an. Wir können nicht auf eigene Faust ein Land befreien, das nicht kämpfen will, man muß diesen Kampfgeist erzeugen und mit Diogenes Laterne und Hiobs Geduld nach Soldaten suchen, eine Aufgabe, die um so schwieriger wird, je mehr Aasgeiern an der Spitze diese Leute auf ihrem Weg begegnen.«

Trotz der gegnerischen Offensive, des Zurückweichens der eigenen Fronten und der teils heillosen Flucht auch mancher örtlichen Befehlshaber, versuchte er dennoch, weiterhin Kongolesen in die »kleine Armee« der Kubaner einzugliedern und ihnen eine rudimentäre Ausbildung zu geben, »um mit dieser Kerntruppe das wichtigste zu retten, den Fortbestand der Revolution«. Er ging auch nicht davon ab, als eine Hiobsbotschaft nach der anderen eintraf, kleinere und größere Ortschaften, Stützpunkte und Lager mit Waffen und Munition verlorengingen, nicht einmal dann, als das vorgeschobene Basislager, wo er sich aufhielt, in Gefahr geriet, vom Feind eingekreist und überrannt zu werden. Noch konnten Verteidigungslinien und die Nachhut mit kampfwilligen Kongolesen und Ruandern organisiert werden, während sich schon feindliche Truppen auf den Bergstraßen näherten und der Rückzug angetreten werden mußte. Ein neues Lager – mindestens noch einen Tagesmarsch vom See entfernt – wurde errichtet, ein Notlazarett aufgebaut, zu dem sofort viele Bauern aus der Gegend kamen, die Che mit anderen kubanischen Ärzten behandelte.

Aber als Che, der trotz der Auflösungserscheinungen zwei gemischte Kompanien mit Kongolesen, Ruandern und Kubanern gebildet hatte, noch weitere solche »Kerntruppen« schaffen und damit den Kampf fortführen wollte, stieß er nicht nur bei den verbliebenen afrikanischen Befehlshabern, sondern auch bei den Kubanern auf Widerstand. In einer Parteiversammlung stellte er die Frage, wer noch an die Möglichkeit des Erfolgs und des Sieges glaube. Enttäuscht stellte er fest, daß nur zwei seiner engsten Kampfgefährten aus der Sierra und die zuletzt angekommenen beiden Ärzte ihm zustimmten. »Ich hob die Versammlung in der Gewißheit auf, daß kaum jemand meinen Traum teilte, eine Armee aufzubauen, welche die kongolesischen Waffen zum Triumph führen würde, wenn ich auch einigermaßen sicher war, daß es genug Männer gab, die bereit waren, ihr Leben zu opfern, auch wenn sie das Opfer für sinnlos hielten.«

In den ersten Tagen des November erreichte Che eine Mitteilung der kubanischen Botschaft in Daressalam, daß die tansanische

Regierung wegen eines Nichteinmischungsbeschlusses des jüngsten Gipfeltreffens afrikanischer Staaten Kuba bitten müsse, ihre Truppenkontigente aus dem Kongo abzuziehen. Kurz darauf traf ein Brief Fidel Castros ein, der die Brigadeführung aufforderte, »alles Menschenmögliche, aber nichts Absurdes« zu tun. »Ihr müßt der objektiven Situation und der Einstellung unserer Männer entsprechend handeln. Wenn ihr es für richtig haltet zu bleiben, werden wir versuchen, Euch soviel menschliche und materielle Verstärkung zu schicken, wie ihr braucht.« Jede Entscheidung, auch die des Abzugs, werde voll unterstützt.

Zu dieser Zeit rückten die Regierungstruppen an allen Fronten vor, der Druck wuchs, und es hatte den Anschein, daß die Basis der Kubaner eingekreist und der Rückzugsweg zum See abgeschnitten werden sollte. Die Luftwaffe flog Bombenangriffe, umliegende Dörfer gingen in Flammen auf, große Teile der ruandischen Truppen ergriffen die Flucht. Einige ihrer und der kongolesischen Befehlshaber beschuldigten dazu noch die Kubaner, diese hätten sie durch ihren Rückzug von den vorgeschobenen Posten im Stich gelassen, nun seien sie – vor allem die Bauern – dem brutalen Rachefeldzug der Gardisten ausgeliefert.

Schließlich sah sich Che angesichts der immer näherrückenden, weit überlegenen Regierungstruppen und der akuten Einkreisungsgefahr gezwungen, allen Außenposten und dem Basislager den Rückzugsbefehl zu erteilen, da nur noch ein schmaler Korridor zum See offenblieb. Die Hütten des Lagers und alles an Waffen, Munition, Ausrüstung und Papieren, was nicht mitgenommen werden konnte, wurde vor dem Verlassen des Lagers in Brand gesetzt. Aus der Ferne, von den Bergen herab, sahen Che und die Seinen das Feuer und hörten die Explosionen. Er hatte, ehe auch die Funkstation zerstört worden war, noch der kubanischen Botschaft in Daressalam telegrafiert: »Die Situation ist ausweglos. Vollständige Einheiten und viele Bauern laufen zum Feind über. Keiner kongolesischen Einheit ist mehr zu trauen. Von nun an können unsere Nachrichten über den Hauptsender jederzeit unterbrochen werden...«

Obwohl die Regierungstruppen sie hufeisenförmig einkreisten und auch durch die Landung von Fallschirmjägern der letzte Rückzugsweg bedroht war, gelang es allen

Gruppen der Brigade das Seeufer zu erreichen und sich in Sele, fünfzehn Kilometer südlich von Kibamba, wo schon der Feind stand, zu sammeln. Auch eine unübersehbare Menge kongolesischer und ruandischer Soldaten, Bauern, Kranker, Verletzter, Frauen und Kinder war hierher geflüchtet und suchte verzweifelt, der drohenden Rache der »Sieger« zu entkommen.

»Für mich war es eine Schlüsselsituation«, schrieb Che in seinem Report über die Nacht zum 21. November 1965, als er das Ostufer des Tanganyika-Sees erreichte. »Die letzten Stunden verbrachte ich einsam und ratlos, und schließlich trafen um zwei Uhr morgens die Boote mit kubanischer Besatzung ein, die noch am Nachmittag zu fortgeschrittener Stunde aufgebrochen waren. Ich ordnete die Abfahrt bis spätestens drei Uhr an; um fünf würde der Tag anbrechen, und wir würden mitten auf dem See sein. Die Evakuierung begann; zuerst gingen die Kranken an Bord, darauf Masengos gesamter Generalstab, ungefähr vierzig von ihm ausgewählte Personen, schließlich alle Kubaner. Daraufhin begann ein schmerzliches, klägliches und unrühmliches Schauspiel. Ich mußte Männer zurückweisen, die im flehentlichen Tonfall darum baten, mitgenommen zu werden. Nichts Heroisches war an diesem Rückzug, keine Geste des Aufbegehrens. Die Maschinengewehre waren in Stellung, und ich hielt die Männer in Bereitschaft, falls es, womit wir rechnen mußten, vom Ufer aus zu einem Angriff kommen sollte. Aber nichts dergleichen geschah, nur ein großes Wehklagen, während der Anführer der flüchtenden Guerilla beim Einholen der Ankertaue leise fluchte.«

Kaum behelligt von der feindlichen Blokkadeflotte erreichten sie am hellichten Tag Kigoma, das gegenüberliegende Ufer, von wo aus sie vor fast sieben Monaten aufgebrochen waren. Che verabschiedete sich von seinen Compañeros, sprach von den Erfahrungen, der Entscheidung der kongolesischen Führung, den Kampf aufzugeben, wodurch sie zum Rückzug gezwungen worden seien. Er nannte die Namen der gefallenen Compañeros, die nicht vergessen werden dürften, und sagte, er hoffe darauf, falls eines Tages nochmals zu einer solchen Mission aufgerufen würde, daß ihre Antwort wieder wäre: Presente!

»Während dieser letzten Stunden im Kongo fühlte ich mich einsamer als je zuvor, in

Kuba oder irgendwo sonst auf meinen Irrfahrten durch die Welt. Nun war ich wie Odysseus zurückgekehrt von all meinen Irrfahrten und ganz und gar allein«, schrieb er am Ende seines Reports, dem er den Titel gab: »Episoden des revolutionären Krieges. Der Kongo«.

Der gordische Knoten

Nach der Verabschiedung fuhr Che in einem kleinen Boot davon, begleitet von zwei Sierra-Kämpfern, Hauptmann Martinez Tamayo (Tarnname: Papi oder Ricardo) und Leutnant Carlos Coello (Tumaini oder Tuma). Sie reisten weiter nach Daressalam, wo ihnen der kubanische Botschafter in der obersten Etage der Residenz eine Wohnung zur Verfügung stellte. Dort begann Che kurz nach der Ankunft auf der Grundlage seines Tagebuchs, das er mit peinlicher Genauigkeit geführt hatte, den »Kongo-Report« zu schreiben. Er arbeitete Tag und Nacht, diktierte mehrere Wochen, die letzten Anmerkungen und Nachträge des etwa 200 engbeschriebene Seiten umfassenden Textes erfolgten in den ersten Monaten 1966. Nach allem, was bekanntgeworden ist, hat er sich bis dahin in Tansania aufgehalten. In der letzten Zeit, bis zu seiner Weiterreise, war Alaida, seine Frau, in der Botschaftsresidenz bei ihm. »Wir trafen uns danach nochmals in Prag«, haben später Tamayo und andere Kampfgefährten Ches berichtet. Für die Weltöffentlichkeit war er damals wiederum verschwunden, im »Nirgendwo«.

Es war ihm ein unerläßliches Anliegen, in aller Gründlichkeit, die »schwierigste aller Analysen zu ziehen«: »Die Geschichte eines Scheiterns«. Er schrieb das Buch, das erst vier Jahrzehnte später vollständig veröffentlicht worden ist, als Rechenschaftsbericht und Schlußfolgerung für sich und andere: »Der Sieg ist eine große Quelle positiver Erfahrungen, aber ebenso ist es die Niederlage, und dies meiner Ansicht nach um so mehr, wenn die handelnden Personen Ausländer sind, die ihr Leben auf unbekanntem Territorium aufs Spiel gesetzt haben, in einem Land mit einer anderen Sprache, mit dem sie nur die Bande des proletarischen Internationalismus teilten, um eine Methode zu begründen, wie sie in den modernen Befreiungskriegen noch niemals angewandt worden sind.« Schonungslos ging er mit seinem Verhalten gegenüber den kubanischen Compañeros, den afrikanischen Soldaten, Bauern und Führern ins Gericht, vor allem unterzog er seine politischen, militärischen und auch persönlichen Entscheidungen einer strengen Selbstkritik.

Er stellte zwar nicht sein »Konzept« des Guerillakampfes in Frage, konstatierte jedoch, daß sich bereits bei ihrer Ankunft die kongolesische Revolution »im Niedergang« befunden und schließlich ihre »völlige Auflösung« erfolgt sei. Seine Verantwortung und das Desaster des Geschehens sah er darin: »Ich war der Anführer einer Gruppe von Kubanern, nicht mehr als einer Kompanie, und meine Aufgabe war, wirklich zu ihrem Chef zu werden, der sie zum Sieg führte und die Entwicklung einer tatsächlichen Volksarmee begründete. Doch meine besondere Situation machte mich zugleich zum Soldaten, zum Vertreter einer ausländischen Macht, zum Ausbilder von Kubanern wie Kongolesen, zum Strategen und zum einflußreichen Politiker auf einer unbekannten Bühne. Und zu einem Cato, einem zähen und sich wiederholenden Aufseher, was meine Beziehungen zu den Revolutionsführern anging. Beim Ziehen so vieler Fäden bildete sich ein gordischer Knoten, den zu durchschlagen ich nicht entschlossen genug war.« Er bekannte offenherzig: »Ich habe im Kongo viel dazugelernt; es gibt Fehler, die ich nicht wiederholen werde, vielleicht werde ich andere wiederholen und in einige neue verfallen. Obwohl wir gescheitert sind, bin ich mit einem tieferen Glauben in den Guerillakampf zurückgekehrt denn je. Meine Verantwortung ist groß, ich werde weder die Niederlage vergessen noch ihre kostbaren Lehren.«

Trotz aller bitteren Erfahrungen, schmerzlichen Verluste und den Momenten der Verzweiflung sah er nach dieser Klausur des Nachdenkens dennoch »optimistisch in eine Zukunft, die erst durch die schwarzen Wolken der Gegenwart erspäht werden mußte«. Nichts lag ihm ferner als Resignation oder gar die Preisgabe seiner revolutionären Ideale. Im Gegenteil, es gibt viele Hinweise und Andeutungen, daß Che bereits, als er dieses Selbst- und Kampfverständnis niederschrieb, längst mit der Vorbereitung des Guerillakampfes in Lateinamerika, der ihm am nächsten lag, begonnen hatte, auch schon vor der Mission im Kongo.

Von der späteren Guerillera Tania – Tamara Bunke – ist bekannt, daß sie Ende März 1964, nach der ersten Etappe ihrer Ausbildung als Kundschafterin, zu Che Guevara ins Ministerbüro gerufen und von ihm über ihre »Aufgaben im Dienste der Revolution« unterrichtet worden war. Sie wußte bis dahin weder Ort, Zeit noch Genaueres über ihren Einsatz. Mehrere Stunden erörterte er mit ihr die politischökonomische Situation Lateinamerikas und die revolutionären Bewegungen, die in einigen Ländern den bewaffneten Kampf aufgenommen hatten. Che sagte ihr, daß ihr Einsatzort Bolivien sei. Am Regierungssitz in La Paz solle sie »Beziehungen zu den Kreisen des Militärs und der regierenden Bourgeoisie herstellen« und auch ins Landesinnere reisen, »um die Bauern, Arbeiter und Bergleute, die Härten der Ausbeutung sowie die Ausbeuter selbst kennenzulernen und zu studieren«. Ein Kontaktmann aus Havanna würde ihr zu gegebener Zeit den »Beginn der entscheidenden Aktion und ihre Aufgaben im sich anbahnenden Kampf« mitteilen. – Am 18. November 1965, also wenige Tage bevor Che im Kongo den Rückzugsbefehl gegeben hatte, war Tania mit falschem Paß als Laura Gutierrez Bauer in Bolivien eingetroffen. Sie war also dort, als er den Blick zurück und zugleich nach vorn richtete, dorthin.

Während im Geheimen indessen schon Tatsachen geschaffen worden waren, hatte Che die Welt in aller Öffentlichkeit seit langem über sein besonderes Engagement dafür in Kenntnis gesetzt. In seiner Rede vor der UN-Vollversammlung hatte er im Dezember

1964 erklärt: »Ich bin in Argentinien geboren, das ist kein Geheimnis. Ich bin Kubaner und auch Argentinier. Wenn sich die ehrenwerten Herrschaften aus Lateinamerika nicht beleidigt fühlen, dann fühle ich mich als lateinamerikanischer Patriot ebenso wie als Patriot jedes einzelnen Landes. Wenn es notwendig sein sollte, würde ich mein Leben geben für die Befreiung irgendeines lateinamerikanischen Landes, ohne dafür etwas zu erbitten, ohne dafür etwas zu verlangen, ohne dafür jemanden auszubeuten.« Er hatte seinen Marx und Lenin gelesen und war davon überzeugt, obwohl man ihm immer wieder Gegenteiliges nachsagte, »daß die Revolutionen nicht exportiert«, sondern im »Schoße der Völker geboren« und durch »Ausbeutung hervorgerufen« werden, bestand aber darauf: »Die Befreiungsbewegungen können dann unterstützt werden oder nicht, und sie können besonders moralisch unterstützt werden.«

Noch früher, im Jahre 1961, hatte er, im Vollgefühl des Sieges der kubanischen Revolution und die Logik der feindseligen Gegenmacht im Kalkül, vorausgesagt: »Der Imperialismus hat die Lektion der kubanischen Revolution gründlich verdaut. Er wird sich in keiner der zwanzig Republiken, in keiner der noch bestehenden Kolonien, in keinem Teil Amerikas noch einmal überraschen lassen. Denen also, die die Friedhofsruhe, die pax americana, zu stören anstreben, stehen erbitterte Volkskämpfe gegen mächtige Invasionsarmeen bevor. Das gilt es darum zu beachten: War nämlich schon der kubanische Befreiungskampf mit zwei Jahren ständiger Kämpfe, Angst und Unsicherheit eine bittere Bürde, so werden die neuen Schlachten, die das Volk an anderen Orten Lateinamerikas zu erwarten hat, unendlich viel härter sein.«

Der nächste gordische Knoten war vor aller Augen geknüpft, und er hatte sich mit den Jahren nicht gelockert, sondern war fester verschnürt als je zuvor. Che hatte, das wird aus allen seinen Reden, Schriften und weit vorausgreifenden Planungen klar, nicht die geringste Illusion, was es kosten und bedeuten würde, ihn nun zu durchschlagen.

Berge und Schluchten Boliviens

Vor der Abreise aus Daressalam legte Che wieder sein Inkognito an und schlüpfte in eine ähnliche Verkleidung wie bei seiner Einreise in den Kongo. Das lange Haar wurde ihm abgeschnitten, der Bart geschoren und die Augenlinsen, die Zahnprothese und die Brille mit den verspiegelten Gläsern hervorgeholt. Ein Experte vom kubanischen Innenministerium kam extra aus Havanna herbeigereist, um die Maskerade zu perfektionieren. Ein kurioses Foto, das von ihm selbst oder einem seiner Begleiter stammen soll, zeigt ihn in einem schäbigen Zimmer, ein glattes bartloses Allerweltsgesicht, straff gescheitelten Kurzhaarschnitt, grau gefärbt, kahle Schläfen, Augen unter falschen Brauen mit einem völlig fremden Blick.

»Mit meinen Fersen spüre ich wieder die Rippen meiner Rosinante, ich mache mich erneut auf den Weg mit meinem Schild auf dem Arm«, hatte Che im Abschiedsbrief an seine Eltern geschrieben, und so manchen abwegigen Deutungen damit Raum gegeben. Er war alles andere als ein Don Quichote einsamer abenteuerlicher Entschlüsse und Pläne, er ritt, stritt und kämpfte gegen keine

Windmühlenflügel und Gespenster, sondern gegen die mächtigsten und höchst real existierenden Peiniger der Menschheit. Er wußte, daß er allein, wenn auch besten Wissens und Gewissens und mit einer Handvoll verschworener Compañeros an der Seite, ein Nichts war. Hinter ihm standen das kleine revolutionäre Kuba und eine schwer schätzbare Anzahl von Kommunisten und Sozialisten in aller Welt, deren solidarische Verbundenheit ihm mehr bedeuteten als dogmatische oder kompromißlerische Rechthaberei. Schon sein Name, die Nachrichten und selbst die oft verzerrten Mitteilungen und Deutungen seines Handelns erweckten Hoffnungen bei den Völkern, die um ihre Befreiung von Armut und Unterdrückung rangen.

Zugleich lag der Feind auf der Lauer, ganze Heerscharen von Agenten waren ihm auf die Fersen gesetzt worden, um irgendetwas über ihn und seine Pläne zu erfahren. Die fragwürdigen Dossiers der Geheimdienste, voran des CIA, Horrorstorys, Lügenpropaganda und die hysterische Hetze verwirrten jedoch mehr die Verfolger als die Verfolgten. Dennoch wäre für Che ohne Maskerade, gefälschte Papiere und die Unterstützung und feste Verbindung mit Havanna und Fidel Castro persönlich sowie anderen revolutionären Organisationen und Führern sein Aufbruch zu neuen Kämpfen undenkbar gewesen.

Ehe er mit dem uruguayischen Paß unter dem Namen Adolfo Mena Gonzalez Anfang November 1966 nach Bolivien reiste, waren außer Tania schon Martinez Tamayo (Tarnname: Papi oder Ricardo), Harry Villegas Tamayo (Pombo) und Carlos Coello (Tumaini) – allesamt vertraute Gefährten aus der Sierra und dem Kongo – schon Monate zuvor in La Paz eingetroffen. Sie hatten Verbindung mit Kommunisten, zur Bergwerksgewerkschaft und linken Organisationen geknüpft, die in Opposition zur Regierung des Generals Barrientos standen, der ein williger Vollstrecker der USA-Interessen und besonders ihrer Bergwerksmonopole und der

Che, in der Maskerade als Adolfo Mena, neben seiner Frau Aleida March, während der Trainingszeit in San Andrés, kurz vor der Abreise nach Bolivien.

Latifundisten war. Doch auch mit revolutionären Bewegungen des benachbarten Perus und Brasiliens sowie seines Heimatlandes Argentinien war Kontakt aufgenommen worden. Che hatte das Ziel vorgegeben, eine möglichst breite Bewegung aufzubauen, in der sich alle organisieren sollten, die zum Kampf für die Befreiung Boliviens und anderer vom Imperialismus geknechteter Völker bereit waren. Eine Gruppe von Guerilleros, geleitetet von den Brüdern Alvaro und Roberto Peredo (Inti und Coco), beides Kommunisten, und junge Gewerkschafter hatten bereits ihre Teilnahme zugesagt und die Vorbereitungen der Kubaner von Anfang an unterstützt. Mit Mario Monje, dem Sekretär der Kommunistischen Partei Boliviens, stand man in Verbindung, auch mit der Führung der zerschlagenen peruanischen Guerilla, die sich im Grenzgebiet neu organisieren wollte.

Über die siebzehn Kubaner, die in den Monaten Oktober, November und Dezember 1966 in Bolivien mit falschen Pässen eintrafen, sagte Fidel Castro später: Es sei Ches Wunsch gewesen, sich neben den bolivianischen Compañeros »auf eine kleine Gruppe von Guerilleros mit Erfahrung zu stützen, die er fast alle aus den Zeiten des revolutionären Kampfes in der Sierra Maestra kannte und von deren Fähigkeiten, Mut und Opferbereitschaft er persönlich überzeugt war. Von diesen Männern zögerte keiner, seiner Bitte zu folgen, keiner ließ ihn im Stich, keiner ergab sich.« Che hatte nach seinen Erfahrungen im Kongo offenbar eine strengere Auswahl seiner Mitstreiter getroffen und bis auf Alarcon Ramirez (Benignon), einen Machetero aus der Zuckerfabrik Central Espana,

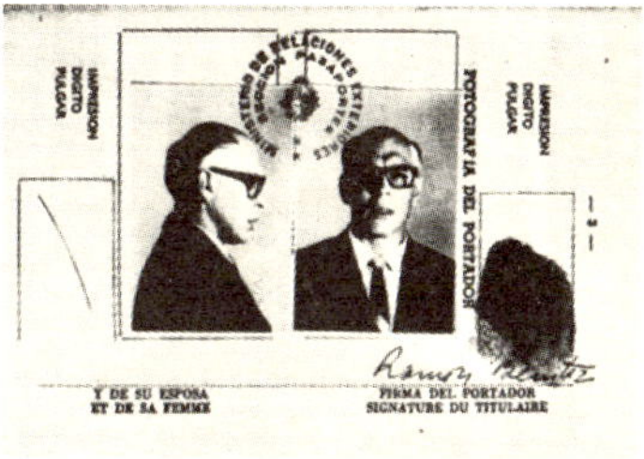

Fotos und Fingerabdruck im uruguayischen Paß.

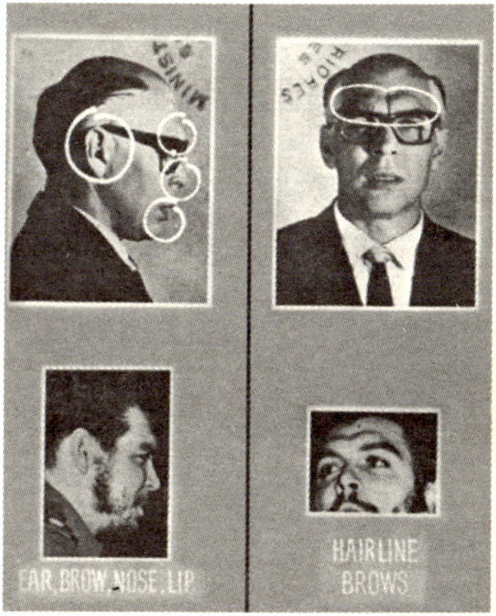

Später verglich man die »biometrischen Merkmale«

niemanden mitgenommen, der nicht am Revolutionskampf beteiligt war. Fünf von ihnen waren auch im Kongo dabeigewesen; es befanden sich ZK-Mitglieder, Minister und hohe Offiziere der kubanischen Armee und des Innenministeriums darunter.

»Heute beginnt eine neue Etappe. In der Nacht erreichten wir die Finca«, lautete am 7. November 1966 die erste Eintragung in Ches Tagebuch, das er wieder mit der ihm eigenen Präzision und schonungslosen Selbstkritik auch in den dramatischsten Situationen führte. Inti und Coco, die Peredo-Brüder, hatten im Süden des Landes, unweit Camiri und in Grenznähe zu Argentinien, Paraguay und auch Chile, für 2500 Dollar eine Finca mit einem mehr als tausendzweihundert Hektar großen Grundstück gekauft, zum großen Teil Ödland. Die Gegend war dünn besiedelt, hügelig, teils Dschungel, unweit davon die Siedlung Lagunillas; hundert Kilometer entfernt, direkt an der Straße zur Finca, das Landgut von Ciro Arganaraz, des einstigen Bürgermeisters von Camira. Das sollte sich als verhängnisvoll erweisen, da man dort bald auf den regen Personenverkehr und den Transport von Lebensmitteln und

Ausrüstungsgegenständen zum Stützpunkt der Guerilleros aufmerksam wurde. Zuerst schien Arganaraz zu vermuten, »daß man sich auf der Finca mit der Herstellung von Kokain befasse«, notierte Che im Tagebuch. Der Gutsherr, nicht allein am Verkauf von Schlachtvieh, Hühnern und Eiern an die Nachbarn interessiert, schickte seine Leute aus, um herumzuspionieren, und informierte offenbar später auch die Polizei und Armee.

Fidel Castro prüft »Adolfo Menas« Paß

Che ordnete schon kurz nach seiner Ankunft an, ein erstes Lager im Dschungel zu errichten, in einer Schlucht des Rio Ñancahuazú, normalerweise ein karges Rinnsal, nach tropischen Regenfällen jedoch ein reißender Fluß. Aus der Finca wurden Waffen, Vorräte und die gesamte Ausrüstung gebracht, teils in Höhlen oder Erdlöchern versteckt, die mühselig im meist steinigen Grund gegraben werden mußten. Die Gegend war voller Insekten; Schwärme von Moskitos, und Zecken fielen über die

Männer her, bohrten sich in die Haut und riefen eitrige Entzündungen hervor. »Die Plage ist höllisch«, notierte Che am Ende des ersten Monats: »Doch die Aussichten in dieser abgelegenen Region scheinen trotzdem gut zu sein, alles deutet darauf hin, daß wir hier so lange bleiben können, wie wir es für nötig erachten. Die Vorhaben sind: Auf die restlichen Leute warten, die Zahl der Bolivianer mindestens auf 20 erhöhen und erste Aktionen durchführen.«

Von Anfang an erwies sich das Funkgerät, das man von der kubanischen Botschaft in La Paz, erhalten hatte, als wenig tauglich, um die ständige Verbindung zu Tania und den anderen Compañeros in La Paz aufrechtzuerhalten. Es gab auch Schwierigkeiten bei der Übermittlung von Funksprüchen nach Havanna, während der Empfang von dort mit dem Kennwort »Manila« zunächst gut funktionierte. »Es wurde ein System von Kontakten aufgebaut«, das Fahrten nach La Paz im Jeep und auch Reisen ins Ausland einschloß (so des Peruaners Chino nach Havanna, von Tania nach Buenos Aires).

Am 29. Dezember 1966 notierte Che: »Mit Marcos, Miguel und Alejandro zog ich zu dem kahlen Hügel, um mir einen

Überblick zu verschaffen. Es scheint die Tigerpampa zu sein, die dort beginnt, eine Gebirgskette mit gleichbleibenden Höhen und kahlen Hügeln in etwa 1500 Metern Höhe.« Zwei Tage später, Silvester, der bolivianische Kommunistenführer Monje war ins Lager gekommen: »Die Begrüßung war freundlich, aber angespannt, es lag die Frage im Raum: Warum ist er gekommen?« Das Gespräch begann mit Allgemeinheiten, gegenseitigen Sympathieerklärungen, doch Monje, bereit den Vorsitz der Partei niederzulegen, forderte nicht mehr und nicht weniger, als die politisch-militärische Führung des Kampfes zu übernehmen, wenn er auf bolivianischem Boden stattfand. Das wollte und konnte Che nicht akzeptieren, er wäre unweigerlich in eine ähnliche Lage wie im Kongo geraten, wo ihm immer wieder die dortige Führung die Hände gebunden und zwingend notwendiges Handeln verhindert hatte. »Der militärische Oberkommandierende werde ich sein«, stellte Che unmißverständlich klar. »Und dabei werde ich keine Zweideutigkeiten dulden.« Monje sprach mit seinen bolivianischen Genossen und stellte sie vor die Alternative: Entweder bei Che bleiben oder die Partei, also ihn, unterstützen – alle sind bei der Guerilla geblieben. Am nächsten Morgen verließ Monje das Lager: »Er ging wie jemand, den man zur Hinrichtung führt«, vermerkte Che im Tagebuch. Doch er war sich durchaus bewußt, daß dieser Dissens und der drohende »Bruch« mit den bolivianischen Kommunisten auch einen schweren Schlag in dem Bemühen bedeutete, »die Einheit mit allen herzustellen, die die Revolution machen wollen«.

Nachdem alle Kubaner und mehr als zwanzig Bolivianer – zuletzt der Gewerkschaftsführer Moisés Guevara Rodríguez – eingetroffen und der Monat Januar 1967 mit der Erkundung, militärischem Training und der Verlagerung aller Vorräte aus der Finca in Höhlenverstecke vergangen war, brach Che mit einer Abteilung von zwanzig Mann zu einem Übungsmarsch auf. Sie folgten zunächst dem Lauf des Ñancahuazú und dem Rio Grande, überquerten mehrmals die reißenden Flüsse, wobei die Bolivianer Benjamin und Carlos ertranken, als das selbstgebaute Floß kenterte. Auch zahlreiche Rucksäcke, Waffen und Munition gingen dabei verloren. Zudem verirrte man sich, als man einen felsigen Höhenzug erreicht hatte, halb Wüste, halb Dornengebüsch, dann wieder in Abgründe mit Dschungeldikkicht geriet, wo der Weg nur mühsam und zeitraubend mit der Machete gebahnt werden konnte. Auch Che war am Ende seiner Kräfte. »Um zwölf Uhr sind wir aufgebrochen in einer Sonnenglut, die Steine schmelzen ließ. Ich glaubte, das Bewußtsein zu verlieren, als ich den höchsten Berg erklommen hatte. Von da an trieb mich nur noch mein Willen voran«, notierte er am 23. Februar.

Basislager in Ñancahuazú, Lehmofen (links) und Baracke.

Die Rückkehr verzögerte sich um Wochen. Der mitgenommene Proviant ging zuende, nur selten hatten sie Glück, ein paar Palmsprossen zu finden oder ein Tier zu jagen, dort einmal einen Affen, da ein paar Papageien. Schließlich schlachteten sie das Pferd, das Gepäck oder Verletzte tragen sollte, als sich schon bei einigen Hungerödeme einstellten. Bis zu den letzten Fleischfetzen aßen sie es auf.

Statt wie geplant 25 Tage, war fast die doppelte Zeit vergangen, als sie am 20. März völlig erschöpft das Lager erreichten, das aber alles andere als Ausruhen und Sicherheit verhieß. Seit Tagen kreiste schon ein Militärflugzeug über der Gegend, Regierungstruppen waren in der Nähe gesichtet worden, Polizisten hatten die Finca durchsucht, vermutlich auch Anhaltspunkte über die Anwesenheit der Guerilleros gefunden, und zwei Bolivianer waren desertiert. »Alle waren niedergeschlagen«, stellte Che bei der Ankunft im Lager fest, wo sich seit einer Woche bereits der Peruaner Chino und Tania mit dem Argentinier Bustos und dem französischen Schriftsteller Regis Debray aufhielten. »Alles vermittelt den Eindruck, als ob ein entsetzliches Chaos herrscht, sie wissen nicht, was sie tun sollen.«

An einen weiteren Aufenthalt in der Nähe der Finca und ein Operieren von diesem Basislager aus, war angesichts dieser bedrohlichen Lage nun nicht mehr zu denken. Che ordnete an, alle Vorbereitungen für den Abmarsch am übernächsten Tag zu treffen, und legte die Kommandostruktur neu fest. Er nutzte die Zeit bis zum Aufbruch für Gespräche mit Chino, der aus

Kuba zurückgekehrt war, und nun in der Gegend des geschichtsträchtigen Ayacucho eine peruanische Guerilla schaffen wollte. Mit dem Argentinier Bustos sprach er über die Vorbereitung revolutionärer und solidarischer Aktionen in Argentinien; Debray riet er, über Havanna nach Frankreich zurückzukehren und dort »eine Organisation zur Unterstützung« der bolivianischen Befreiungsbewegung aufzubauen. »Tania hat die Kontakte realisiert und die Leute kamen, aber so, wie sie berichtete, sollte sie mit ihrem Jeep bis hierher fahren, und sie hatte vor, einen Tag hier zu bleiben, aber dann ist alles anders gekommen...«

Tamara Bunke (Tania) in Ñancahuazú, 31. Dezember 1966.

Am 22. März verließ die gesamte Gruppe mit den Besuchern (eine Frau, neunundvierzig Männer) das Lager und stieg von der Anhöhe zum Ñancahuazú herab, gesichert durch Beobachtungsposten auf den Bergen, Vor- und Nachhut und einen Hinterhalt flußaufwärts. Schon am folgenden

Tag stieß dort eine Armeeabteilung auf die Guerilleros, und es kam zum ersten Gefecht, das mit der Gefangennahme von 12 Soldaten und 2 Offizieren endete. Außerdem hatte die Armee 7 Tote und 4 Verwundete; zahlreiche Waffen, darunter 3 Granatwerfer, 3 Bazookas und 16 Mauserpistolen mit 2000 Schuß Munition wurden erbeutet. Aus Papieren, die einer der Offiziere bei sich trug, war ersichtlich, daß sich Armeegruppen beiderseits des Ñancahuazú näherten. Da Flugzeuge abermals die Gegend überflogen und Bomben in der Nähe der verlassenen Finca und des Lagers warfen, war klar, daß der Gegner inzwischen Informationen erlangt und mit gezielten Gegenaktionen begonnen hatte. »So werden wir die Nacht verbringen, um festzustellen, ob morgen die berühmten Rangers kommen«, schrieb Che am Abend des 23. März ins Tagebuch.

Bald darauf konnten Beobachtungsposten größere und kleinere Truppenteile sowie einen gelandeten Hubschrauber beim Gut von Arganaraz sichten. Durch Radiosendungen, die ausführlich über das erste Gefecht berichteten, wurde zur Gewißheit, daß die Deserteure Aussagen über die Zusammensetzung der Guerilla gemacht hatten, auch

Kämpfer der Guerilla. Von links nach rechts: Alejandro, Inti, Urbano, Rolando, Che, Tuma, Arturo, Moro

über Ausländer und speziell Tania. Später stellte sich heraus, daß ihr in Camiri abgestellter Jeep mit belastenden Dokumenten und Fotos gefunden und ihre Wohnung in La Paz durchsucht worden war. Che notierte am 27. März: »Alles deutet darauf hin, daß Tania identifiziert ist. Damit gehen zwei Jahre guter und geduldiger Arbeit verloren. Es ist jetzt sehr schwierig, jemanden weggehen zu lassen.« 28. März: »Die Rundfunksender sind weiter voll Meldungen über die Guerilleros. Wir sind in einem Umkreis von 120 km durch 2000 Mann umstellt. Die Umzingelung wird immer enger zusammengezogen und die Offensive von Napalmbomben unterstützt.« Ende März: »Die Lage ist nicht gut, aber jetzt beginnt eine neue Bewährungsetappe für die Guerilla, die sie bei Überstehen ein gutes Stück voranbringen wird.«

Durch Umgehungsmanöver und Zurückweichen zum Basislager, gelang es, der Einkreisung zu entgehen, und am 10. April im Abstand weniger Stunden zwei Armeepatrouillen in ein und demselben Hinterhalt zu überwältigen, wobei es 30 Gefangene, 6 Verwundete und 10 Tote gab. Der Kubaner Israel Reyes Zayas (Braulio), der schon mit Che in der Sierra, in Escambray und im Kongo gekämpft hatte, erlitt als einziger auf Seiten der Guerilleros eine schwere Verletzung am Kopf und starb kurz darauf.

Tagebuch, 16. April: »Die Vorhut brach 6.15 auf, wir 7.15 Uhr. In gutem Marschtempo kamen wir bis zum Rio Ikira; aber Tania und Alejandro blieben zurück. Als man ihnen die Temperatur maß, hatte Tania 39, Alejandro 38 Grad. Das Zurückbleiben behinderte unser geplantes Vorankommen. Wir ließen deshalb beide mit El

Negro und Scrapio einen Kilometer flußaufwärts am Ikira zurück.« Am nächsten Tag entschloß sich Che, diese vier in die Nachhut, die Joaquin führte, einzureihen, und befahl diesem, in der Gegend zu bleiben, keine Frontalkämpfe durchzuführen und auf die Rückkehr der Hauptgruppe zu warten. Damit war die Guerilla in dieser Notsituation und nur für kurze Zeit gedacht in zwei Gruppen ohne jegliche Kontaktmöglichkeit geteilt. Das erwies sich bald als äußerst verhängnisvolle und nicht wiedergutzumachende Entscheidung, ebenso die kurz darauf erfolgte Trennung von Debray und Bustos, die unbedingt aus der Gefahrenzone herauskommen wollten und wenig später von Regierungstruppen aufgegriffen, verhört und vor Gericht gestellt wurden.

Tagebuch 25. April: »Ein schwarzer Tag. So um 10 Uhr vormittags kehrte Pombo vom Beobachtungsstand zurück mit der Meldung, daß 30 Guardias auf das Häuschen zu marschierten. Antonio blieb trotzdem auf dem Beobachtungsstand. Während wir uns noch vorbereiteten, kam dieser mit der Nachricht, daß es 60 Mann seien, die weiter vorrückten. Wir beschlossen einen improvisierten Hinterhalt auf dem Zufahrtsweg zum Lager aufzubauen, hastig wählten wir eine kurze Strecke am Ufer des Baches aus, die eine Sichtweite von 50 Metern bot. Dort stellte ich mich zusammen mit Urbano und Miguel mit dem automatischen Gewehr auf. Nach kurzer Zeit erschien die Vorhut, die zu unserer Überraschung aus drei Schäferhunden mit ihren Hundeführern bestand. Die Tiere waren unruhig, aber ich hatte nicht den Eindruck, daß sie uns bereits verraten hatten; dennoch rückten sie vor, und ich schoß auf den ersten Hund, verfehlte ihn jedoch. Als ich auf den Hundeführer schießen wollte, hatte das M-2 Ladehemmung. Miguel tötete einen anderen Hund, so wie ich es sah, ohne dessen sicher zu sein, und dann kam keiner mehr in den Bereich des Hinterhalts. Auf der Seite, wo sich die Armee befand, begann ein Scharmützel. Bei einer Feuerpause schickte ich Urbano mit dem Rückzugsbefehl los, aber er kam mit der Nachricht zurück, daß Rolando verwundet sei. Kurz danach brachten sie ihn, fast verblutet, und er starb, als mit der Bluttransfusion begonnen wurde. Eine Kugel hatte seinen Oberschenkelknochen sowie das umliegende Gefäß- und Nervensystem zerstört, er verblutete, ehe wir etwas tun konnten. Wir verloren den besten

Mann der Guerilla und natürlich eine ihrer Stützen, bereits mein Compañero, als er noch fast ein Kind war, Kurier der Kolonne 4 in Kuba, aktiv in Playa Girón und nun bei diesem neuen revolutionären Abenteuer. Über seinen dunklen Tod kann nur für eine hypothetische Zukunft, wenn sie sich herauskristallisiert, gesagt werden: ›Dein kleiner Leichnam eines tapferen Hauptmanns erstreckt seine eherne Form in die Unendlichkeit.‹«

Che hatte dem sechsundzwanzigjährigen Rolando das Kommando einer zweiten Front übertragen wollen, an die aber nun nach Lage der Dinge kaum zu denken war. Die Isolation war nahezu total, weder mit La Paz, Havanna, nicht einmal mit Joaquins Gruppe gelang es Verbindung aufzunehmen. In Peru kam die Bildung einer Guerilla nicht zustande, mit den argentinischen Compañeros gab es nach Bustos Weggang und seiner Gefangennahme keine Kontakte mehr. Auch alle Versuche, zu den ansässigen Bauern Zugang zu finden oder sie für Hilfsleistungen oder gar gemeinsame Aktionen zu gewinnen, schlugen fehl. Es war schon gewagt, sich ihren Siedlungen zu nähern, Einkäufe zu tätigen oder bei ihnen

Auskünfte einzuholen, weil bei der Präsenz und dem Terror der Armee immer mit Verrat zu rechnen war. Trotzdem mußten – nach tagelangen Hungermärschen – Lebensmittel und Vieh gekauft werden, wo es nur möglich war. Selten fanden sie irgendwo ein Feldstück mit Mais, Kürbissen oder Bohnen. Ein Festtag war es, wenn es glückte, ein Wildschwein zu jagen.

Sie zogen nordwärts und bestanden drei kleinere Gefechte ohne Verluste. Wie immer wurden den Gefangenen die Waffen, Stiefel und sämtliche Ausrüstungsgegenstände abgenommen, Verwundete versorgt und nach gründlichen Verhören, die ein mehr oder weniger verläßliches Bild von den gegnerischen Truppenbewegungen ergaben, freigelassen – manchmal nur in Unterhosen oder nackt. Dennoch kam es immer wieder zu überraschenden Konfrontationen mit der Armee, so am 26. Juni, als Pombo bei einem nächtlichen Gefecht am Bein verletzt und Tuma getötet wurde – wiederum ein langjähriger Kampfgefährte Ches, dessen Verlust ihn »fast wie der eines Sohnes« traf. Zudem kam jetzt jeder Verlust, wie er im Tagebuch vermerkte, »einer ernsthaften Niederlage« gleich.

Im Juli starben zwei weitere Kubaner, Raúl und Ricardo, der mit Che im Kongo und mit Masetti in der argentinischen Guerilla gekämpft hatte. Bei einem Gefecht gingen außerdem elf Rucksäcke mit Medikamenten, Ferngläsern und die Chiffre für Nachrichten aus Havanna verloren, womit auch der Empfang und die letzte Verbindung von dorther abgebrochen waren. Nun allein auf die Radiomeldungen angewiesen, die alles andere als ein objektives Bild von der Lage, den einzelnen Gefechten und beiderseitigen Verlusten gaben, verfolgten sie Che dennoch bei jedem Halt. So vernahm er am 14. August die Hiobsbotschaft, daß die Armee jenes Höhlenversteck am Ñancahuazú wo Vorräte und die dringend benötigten Medikamente gelagert waren, entdeckt und ausgeräumt hatte. Dahin war man gerade auf dem Weg gewesen, ausgehungert, Che im Dschungelgestrüpp von schweren Asthmaanfällen gepeinigt. »Die Situation wurde beängstigend; die Macheteros fallen in Ohnmacht, Miguel und Dario trinken Urin, und Dario tat das auch mit den unheilvollsten Folgen: Durchfälle und Magenkrämpfe.« Dazu »die Besetzung der Höhle«, die mit so präzisen

Details bekanntgegeben wurde, daß ein Bezweifeln unmöglich war. »Jetzt bin ich dazu verurteilt, während eines nicht definierbaren Zeitraumes an Asthma zu leiden. Sie beschlagnahmten auch alle Arten von Dokumenten sowie Fotografien. Das ist der schwerste Schlag, den sie uns versetzt haben – jemand hat geredet. Wer?«

Che Guevara auf Wachposten.

Che bezeichnete den August als den »schlechtesten Monat in diesem Krieg«: »Der Verlust von zwei Männern zu Beginn des Monats und der darauffolgende Marsch bei Pferdefleisch demoralisierten die Männer, es kam zum ersten Mal vor, daß einer aufgab, Camba, was unter dem Strich nichts anderes als ein Gewinn ist, aber nicht unter den jetzigen Bedingungen. Negativ wirkte sich auch der fehlende Kontakt zur Außenwelt und zu Joaquin aus und daß offenbar Gefangene aus seiner Gruppe geredet haben. Meine Krankheit hat bei einigen Verunsicherung hervorgerufen, das alles hat sich bei unserem letzten Gefecht niedergeschlagen, als wir dem Feind mehr Verluste hätten zufügen müssen und lediglich einen verwundet haben. Auch der schwierige Marsch über die Berge, ohne Wasser, deckte Schwächen und negative Eigenschaften auf...«

Er machte sich und den Männern nichts vor und gestand ein: »Wir befinden uns an einem Tiefpunkt unserer Moral und unserer revolutionären Ausstrahlungskraft«, doch für ausweglos hielt er die Lage nicht. Als er, vom Asthma gepeinigt und verzweifelt, weil sein erschöpftes Maultier und die ausgehungerte, müde Kolonne kaum noch vorankamen, einmal die Beherrschung verlor und auf das Tier mit dem Messer einstach, war er nur entsetzt über sich selbst, rief alle zusammen und bezeichnete sich selbst als »menschliches Wrack« und versicherte ihnen: »Das wird sich ändern, aber die Situation muß von allen ertragen werden, und wer sich nicht in der Lage sieht, sie zu meistern, muß es sagen. Es ist ein Moment der Entscheidung: Diese Art des Kampfes gibt uns die Möglichkeit, Revolutionäre zu werden, die höchste Stufe, die ein Mensch erreichen kann, aber es gestattet uns auch, als Mensch zu handeln – doch wer beides nicht kann, soll es sagen und den Kampf aufgeben.« Alle Kubaner und auch einige Bolivianer erklärten daraufhin, bis zum Ende durchzuhalten.

Noch bestand die Hoffnung, wieder Kontakt zu der Gruppe Joaquin zu finden, da immer wieder Gefechtslärm zu hören war und Meldungen von Kämpfen mit Guerilleros übers Radio kamen, die auf ihre Aktionen in der Nähe schließen ließen. Jedoch am 2. September wurde auch diese Hoffnung erschüttert, schließlich zunichte. Che schrieb ins Tagebuch: »Der Rundfunk brachte eine schlimme Nachricht über die Vernichtung einer Gruppe von zehn Männern unter Leitung eines Joaquin genannten Kubaners im Gebiet von Camiri; allerdings wurde diese Nachricht von der Stimme Amerikas verbreitet, und die lokalen Sender erwähnten nichts.« Auch als am folgenden Tag die »Stimme Amerikas« wieder über das Gefecht und die Gruppe von zehn Männern sprach, bei der es einen Überlebenden gegeben habe, den Bolivianer José Carrillo, bezweifelte es Che noch immer: »Da dieser Carillo kein anderer als Paco ist, einer der Schwächlinge, und das Gefecht am Masicuri stattfand, deutet alles darauf hin, daß dies ein großes Täuschungsmanöver ist.« Zwei Tage darauf: »Der Rundfunk informiert, daß die toten Guerilleros nicht identifiziert werden konnten, aber daß es jeden Augenblick neue Informationen geben könne.« Erst am 22. September, zwei Wochen vor seinem eigenen Tod, wird es für ihn zur Gewißheit: »Die Generäle Barrientos und Ovando gaben eine Pressekonferenz, in der sie sämtliche Angaben aus den Dokumenten offenlegten und die Liquidierung von Joaquins Gruppe bekanntgaben.«

Diese letzte lakonische Notiz und sein langes Sträuben, den Tod von Joaquin, Tania und der anderen als Tatsache hinzunehmen, läßt erahnen, wie tief ihn dieser Verlust getroffen haben muß. »Ich glaube, daß er sehr niedergeschlagen war«, stellte Fidel Castro, auf diese Tagebucheintragungen verweisend, später fest. »Als er schließlich auch davon überzeugt ist, weil fast seine gesamten Anstrengungen und Märsche darauf zielten, die andere Gruppe zu finden, als er davon überzeugt ist, daß es sie nicht mehr gibt, daß er sie nicht mehr finden kann, erst dann beginnt er seinen Marsch auf der Suche nach einer anderen sozialen Basis. Das war richtig, und er hatte Überlebenschancen. Wie weit hat jedoch der Tod der Compañeros seinen Gemütszustand beeinflußt? Ich glaube, daß er am Ende mit einer gewissen Leichtfertigkeit gehandelt hat, denn auf dem Weg hält er inne und sagt: ›Die Gerüchte sind uns vorausgeeilt, alles wartet auf uns‹ ... Ich kenne ihn gut, und ich glaube, daß er in diesem Augenblick tollkühn gehandelt hat, denn er wurde von diesen Dingen stark beeinflußt.« Schon in Erinnerung des gemeinsamen Kampfes in der Sierra Maestra hatte Fidel gesagt: »Wenn er als Guerillero eine Achillesferse hatte, dann war es seine übermäßige Kampfbereitschaft, seine völlige Verachtung der Gefahr.«

An jenem 22. September war Che mit seiner Gruppe in Alto Seco eingerückt, eine Siedlung mit mehr als 400 Bewohnern, zumeist indianischen Bauern in armseligen Hütten. »Sie empfingen uns mit einer ausgewogenen Mischung von Angst und Neugierde«, notierte Che. Der Gemeindeälteste war jedoch geflüchtet, offensichtlich »um zu melden, daß wir in der Nähe waren«. Man blieb trotzdem, richtete sich für eine längere Ruhepause ein und die »Versorgungsmaschinerie« begann zu funktionieren. »Bald verfügten wir in unserem Lager, einem verlassenen Haus neben der Wasserstelle, über eine ansehnliche Menge von Lebensmitteln.« Abends rief Che mit dem Bolivianer Inti zu einer Dorfversammlung auf, es kamen »15 erstaunte und schweigsame Bauern«. Zuerst Inti, dann Che erläuterten ihnen »die Bedeutung unserer Revolution«. Inti, einer der wenigen Überlebenden, hat später berichtet, daß Che dem Sinne nach gesagt habe: »Ihr werdet sehen, daß die Behörden, nachdem wir euch jetzt besucht haben, sich zum ersten Mal an euch erinnern. Sie werden euch versprechen, ein Krankenhaus oder etwas anderes zu bauen. Aber dieses Versprechen wird einzig und allein darauf zurückzuführen sein, daß wir hier in dieser Gegend operieren. Und falls es erfüllt werden sollte, werdet ihr also indirekt spüren, welchen Nutzen euch unser Guerillakampf gebracht hat.«

Gerade zu dieser Zeit gab die Regierung, die schon zum wiederholten Mal den Tod Ches und seiner Guerilleros gemeldet hatte, erneut ein ganz anderes »Versprechen«: Che und der Rest seiner Truppe, die umzingelt sei und nicht entkommen könne, werde binnen der nächsten Stunden liquidiert. Und es wurden in der Gegend Flugblätter abgeworfen, die dazu noch das »Versprechen« enthielten: Jedem, der zur Ergreifung des Guerilleros Ernesto »Che« Guevara verhelfe, werde die Summe von 50000 Pesos ausgezahlt.

Erst jetzt ließ Che – der die Flugzeuge über sich sah und die Radiomeldungen über die aufmarschierten 1000 bis 2000 Mann im Radio hörte – dieses Gebiet am Ñancahuazú, das er immer wieder auf der Suche nach Joaquins Gruppe durchstreift hatte, hinter sich. Er wandte sich dem Nordwesten zu, der Gegend um Cochabamba und El Sucre, dem »sozialen Gebiet«, wie es Fidel nannte, wo es bolivianische Verbündete gab, Bauern und Erdölarbeiter, die ihnen weitergeholfen hätten, wie später den Überlebenden: den Kubanern Pombo, Benigno, Urbano und den Boliviern Inti und Dario.

Über Santa Elena, wo sie Orangen von

den Bäumen pflückten, über Lomo Larga und dem Dorf Puijo, aus dem alle Bewohner bei ihrer Ankunft geflüchtet waren, die dann aber »freundlich« wiederkamen und beteuerten, »daß die Armee im gesamten Gebiet nicht anwesend sei«, erreichten sie nach kurzem Aufenthalt in Picacho das kleine Bergdorf Higuera, wo sie auf dem Tisch des Ortstelegraphisten eine Mitteilung aus Vallegrande an den Gemeindeältesten fanden: Daß es Hinweise auf eine Anwesenheit von Guerilleros im Gebiet gäbe und jede Nachricht darüber auf Amtskosten dahin weitergeleitet werden müsse.

Tagebuch 26. September: »Als ich zum Gipfel des Hügels loszog, ungefähr um 13.30 Uhr, kündeten Schüsse auf der ganzen Hochebene an, daß unsere Männer in einen Hinterhalt geraten waren. In dem kleinen Dorf organisierte ich die Verteidigung, um die Überlebenden zu erwarten, und bestimmte für den Rückzug einen zum Rio Grande führenden Weg. Nach kurzer Zeit traf Benigno verwundet ein und kurz darauf Aniceto und Pablito mit einem Fuß in einem schlechten Zustand; Miguel, Coco und Julio sind gefallen, und Camba ist unter Hinterlassung seines Rucksacks verschwunden. Rasch rückte die Nachhut auf dem Weg vor, und ich folgte ihnen mit der beiden Maultieren; auf die hinter uns wurde aus kurzer Entfernung geschossen...«

An ein Weiterkommen auf dem eingeschlagenem Weg war zunächst nicht zu denken. Sie sahen auf einem Berg ganz in der Nähe »eine Truppe, deren Ausrüstung im Sonnenschein glänzte, und bald darauf, gegen 12 Uhr waren vereinzelt Schüsse zu hören und dann Feuergarben...« Der folgende Tag: »Beängstigender Tag, der in einem Moment unser letzter zu sein schien...Um zehn Uhr zogen vor uns 46 Soldaten mit geschultertem Rucksack vorbei, und es dauerte eine Ewigkeit, bis sie sich entfernt hatten. Und um 12 Uhr erschien eine weitere Gruppe, diesmal 72 Mann und, das war der Gipfel, ein Schuß war in diesem Augenblick zu hören, und die Soldaten bezogen Stellung...«

Fidel Castro: »Er setzte den Marsch fort, erreichte ein menschenleeres Dorf. Ein menschenleeres Dorf ist ein Zeichen dafür, daß etwas vorgefallen ist, die Bevölkerung weiß, daß es ein Gefecht geben wird. Jede, wirklich jede Gruppe konnte auf diesem Weg nur anhalten und einen Hinterhalt aufbauen. Aber am hellichten Tag marschierte die Vorhut über baumlose Berghänge weiter, so als ob es keine Armee gäbe. Dann geriet diese Vorhut tagsüber in einen Hinterhalt, mehrere von ihnen wurden getötet, das war ein schwerer Schlag. Die Gruppe hatte einige Kranke bei sich, der Arzt war krank, Che nahm ihn mit, obwohl der Marsch dadurch langsamer wurde. In ähnlicher Lage ließen wir Kranke, die beim Marschieren nicht mithalten konnten, irgendwo bei hilfsbereiten Personen zurück. Er suchte sicherlich eine derartige Lösung, doch dann verliert er die Vorhut, ist lokalisiert, er befindet sich im Tal, es werden sogar einige der guten bolivianischen Männer getötet. Er, der monatelang nicht gestellt werden konnte und der ständig Gefechte führte, befand sich nun in einer sehr kritischen Lage... Etwas muß auf ihn stark eingewirkt haben: Diese Todesverachtung, manchmal ging er direkt auf den Tod zu, besonders in gewissen Momenten. Denn eigentlich hätten sie sich unter jenen Bedingungen viel vorsichtiger bewegen, von

den Wegen fernhalten und nachts marschieren müssen.«

Liest man Ches letzte Eintragungen im Tagebuch Ende September, Anfang Oktober, fällt es allerdings schwer, solche Stimmungen, Eigenheiten oder momentane Eingebungen auszumachen, die in dieser kritischen Situation sein Denken und Handeln auf tragische Weise beeinflußt hätten. Im Gegenteil, er beschrieb eher nüchterner, noch aufmerksamer und auf äußerste Exaktheit bedacht die jeweilige Lage, das Gelände, registrierte jede Bewegung des Feindes und auch dessen Verlautbarungen übers Radio, die er weiterhin bei jedem Halt hörte und meist kühl und knapp kommentierte: »Der Rundfunk brachte am 27. September die Nachricht, daß wir auf die Kompanie Galindo gestoßen sind und 3 Tote gelassen hatten, die nach Vallegrande zur Identifizierung überführt würden.« 28. September: »Anfangs brachten sie die Nachricht von meinem Tod, dann dementierten sie.« 30. September: »Am Vormittag berichtete Radio Balmaseda de Chile, daß hochrangige Sprecher des Heeres äußerten, daß sie Che in einer Schlucht im Urwald umzingelt hätten.« Das bringt ihn lediglich zu der

Anmerkung: »Es scheint, daß sie überzeugt sind von unserer Anwesenheit im Gebiet.« Mit der gleichen Gefaßtheit zieht er an diesem Tag eine zwar ernste, aber keineswegs alarmierende Septemberbilanz: »Die Merkmale sind die gleichen wie im vergangenen Monat, ausgenommen die größere Effektivität, die nun die Armee bei ihren Aktionen aufweist, und daß die Bauern uns in keiner Weise unterstützen und zu Denunzianten werden. Die wichtigste Aufgabe ist es, hier abzuhauen und geeignetere Gebiete zu suchen...«

Er wollte der Umzingelung entkommen und suchte den Armeetrupps auszuweichen, die immer zahlreicher die Gegend durchstreiften. Das Überqueren größerer Straßen oder kahler Bergrücken wurde fortan vermieden, immer wieder mußte auf die wenig bewachsenen Anhöhen ausgewichen werden, wo sie stundenlang bis zum Abzug der Soldaten ausharren mußten und weder Wasser noch Proviant fanden. »Eustaquio gab eine bühnenreife Vorstellung und weinte wegen eines fehlenden Schlucks Wasser«, schrieb Che am 5. Oktober ins Tagebuch, angesichts der Durstqualen aller ein kalter, erschreckender Sarkasmus, der ihm sonst fremd war. Tags darauf ganz anders, fürsorglich und bedächtig: »Die Erkundungen zeigten, daß sich in unserer Nähe ein Haus befand, aber auch, daß es in einer etwas entfernteren Schlucht Wasser gab. Dorthin wandten wir uns und kochten unter einem großen Stein, der als Dach diente, obwohl ich den ganzen Tag keine Ruhe fand, denn wir nähern uns am hellichten Tag einigen bewohnten Gegenden, und wir blieben in der Vertiefung...«

Am nächsten Tag, 7. Oktober 1967, befanden sie sich noch immer in der Schlucht, kamen langsam voran und unternahmen Erkundungen. »Ohne Komplikationen und idyllisch verging der Tag, an dem wir vor elf Monaten unsere Guerillero-Aktivitäten begannen – bis um 12.30 Uhr eine Ziegen hütende Alte in die Schlucht kam, in der wir lagerten, die wir festnehmen mußten«, schrieb Che ins Tagebuch, es ist seine letzte Eintragung. Er berichtete noch, daß die Frau vorgab, keine Soldaten gesehen zu haben, überhaupt nichts zu wissen und nirgendwo hingekommen zu sein. Nur über die Wege und umliegenden Ortschaften vermochte sie Auskunft zu geben. Man geleitete sie zu ihrem Haus, verpflichtete sie zum Schweigen und gab ihr 50 Pesos, hatte aber wenig Hoffnung, daß sie sich daran hielt. »Wir brachen um 17 Uhr bei spärlichem Mondschein auf, und der Marsch war sehr anstrengend, und wir hinterließen viele Spuren in der Schlucht, in deren Nähe sich keine Häuser befinden, aber durch Kanäle aus demselben Bach bewässerte Kartoffelfelder. Um 2 Uhr hielten wir an, um uns auszuruhen, denn es war sinnlos, weiterzulaufen. Wenn wir nachts marschieren, ist Chino eine wahre Last. Die Armee gab eine merkwürdige Information über die Anwesenheit von 250 Mann in Serrano heraus, um das Durchkommen der 37 Umzingelten zu verhindern und ortete das Gebiet unserer Zuflucht zwischen den Flüssen Acero und Oro. Die Nachricht scheint irreführen zu wollen.«

Mit der Höhenangabe von »2000 Metern« über dem Meeresspiegel, die Che nie vergaß einzutragen, bricht das »Bolivianische Tagebuch« ab. Die weiteren Geschehnisse sind durch die späteren Zeugnisse der Überlebenden bekannt, nachdem die bolivianische Regierung und die herbeigeeilten Sensationsreporter zunächst mehr verlogenen Wirrwarr als Klarheit gestiftet hatten.

In der Morgendämmerung des 8. Oktober waren die Guerilleros weitergezogen und hatten gesehen, daß die Schlucht nur von niedrigem Gebüsch bedeckt war und vereinzelt auf den Hängen ein paar Bäume wuchsen, so daß die Talniederung von überallher einsehbar war. Che erkannte, in welch gefährlicher Lage sie sich befanden, ließ zu beiden Seiten die Anhöhen erkunden und verständigte die Vorhut. Gegen 8.30 Uhr kam von der rechten Flanke die Meldung, daß die Niederung von Soldaten eingekreist war. Offenbar hatte ein Bauer, der nachts im Tal seine Kartoffelfelder bewässerte und die Guerilleros bemerkte, die Armee verständigt. Nun war es klar, daß tagsüber kein Ausbruch möglich war, sondern die Nacht abgewartet werden mußte, doch bereits gegen Mittag eröffneten die Regierungstruppen bei einer Wachablösung von Ches linkem Flankenschutz das Feuer, und bis zum Abend dauerte die Schießerei an. Dabei wurde Ches M2-Gewehr durch einen Treffer zerstört, seine Pistole war leergeschossen und er am Bein so schwer verletzt, daß er sich nicht mehr fortbewegen konnte. Der Bolivianer Willy trug ihn noch auf ein Felsplateau, doch dort wurden sie beide von Soldaten überwältigt. Man fesselte ihn, schleppte ihn weg und trug ihn dann auf einer Decke zu der Schule in Higuera, die ein elender Schuppen war.

Obwohl zunächst die Mär in die Welt gesetzt wurde, Che habe eine totale Niederlage erlitten und sei im Kampf gefallen, kam schon bald die brutale Wahrheit zutage: Sowohl Che wie auch der Bolivianer Simon Cuba (Willy) und der Peruaner Juan Pablo Chang Navarro (Chino) waren gefangengenommen und in Higuera von CIA-Agenten verhört, von Armeeoffizieren ausgeraubt und mißhandelt worden. Mit der Lehrerin der Schule, die mit einem Wachsoldaten befreundet war und deshalb Zutritt erhielt, hatte Che noch gesprochen. Er habe auf einen Schreibfehler an der Wandtafel hingewiesen und erklärt, daß nach der Revolution in Kuba nirgendwo mehr so eine elende Hütte als Schule herhalten müsse. Einem der herbeigeeilten US-Geheimdienstler – vermutlich Felix Rodriguez, Exilkubaner, der noch nach Jahrzehnten in Florida vor Presseleuten mit seinen Geschichten und einer Pistole (von Che?) posierte – soll Che auf die Frage, woran er denke, damals geantwortet haben: »Ich denke an die Unvergänglichkeit der Revolution.« Einen Gefangenen mit einer solch unbeugsamen Haltung vor Gericht zu stellen, wie es in dieser »freiheitlichen und rechtsstaatlichsten Welt« eigentlich geboten gewesen wäre, rieten weder die fernen Drahtzieher in Washington und dem CIA-Hauptquartier, noch wagten es ihre Marionetten in La Paz.

Fidel Castro: »In La Paz tagten Barrientos, Ovando und andere hohe Offiziere und beschlossen kaltblütig, daß Che zu ermorden sei. Die Details der Umsetzung dieses Beschlusses sind bekannt. Zwei von Yankees ausgebildete Rangers, Major Miguel Ayoroa und Oberst Andres Selnich, gaben dem Unteroffizier Mario Teran den Befehl, Che zu ermorden. Als der vollständig betrunkene Teran den Raum betrat, sah Che – der die Schüsse gehört hatte, mit denen nebenan der bolivianische und peruanische Guerillero getötet wurden –, daß der Henker zögerte, und rief ihm zu: ›Schieß! Hab keine Angst!‹ Der Unteroffizier verließ den Raum, und erneut mußten seine Vorgesetzten Ayoroa und Selnich ihn bedrängen, bis er dem Befehl folgte und auf Che unterhalb des Gürtels mit seiner Maschinenpistole feuerte. Es war bereits die Meldung veröffentlicht worden, daß Che mehrere Stunden nach dem Gefecht gestorben sei, und daher hatten die Ausführenden die Instruktionen erhalten, nicht auf die Brust und den Kopf zu schießen, um keine sofort tödlichen Wunden zu verursachen. Ches Agonie wurde dadurch grausam verlängert, bis ihn ein ebenfalls betrunkener Feldwebel mit einem Schuß in den linken Brustkorb tötete.«

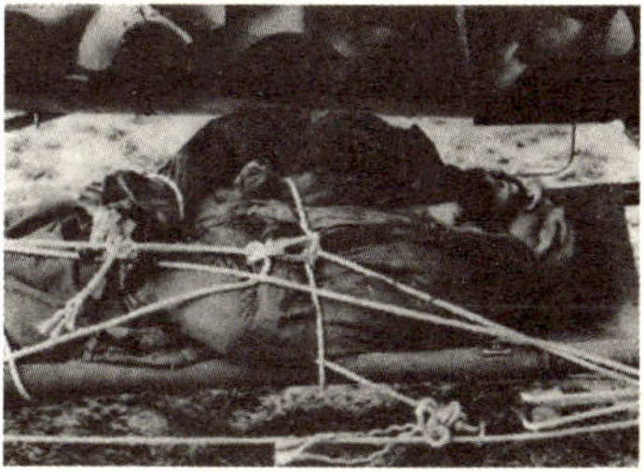

An den Kufen eines Militärhubschraubers festgeschnürt, wird der Leichnam zur »Autopsie« gebracht und danch unter strengster Geheimhaltung verscharrt.

Der Leichnam des Che wurde am Nachmittag des 9. Oktober 1967, an einen Hubschrauber geschnallt, zum Armeestützpunkt Vallegrande gebracht. Einer der Ärzte, Dr. Martinez Caso, der dort die Autopsie vornahm, ließ sich auf kein Vertuschungsmanöver ein, und erklärte vor Journalisten unmißverständlich: Er habe die Autopsie 17 Uhr vorgenommen und festgestellt, daß »der Tod etwa fünf Stunden zuvor eingetreten sei, da der Körper noch warm war«

und fünf Verletzungen an den Beinen, eine an der Kehle und eine andere auf der Brust unterhalb der linken Brustwarze aufweise. Später geriet auch der amtliche Autopsiebericht an die Öffentlichkeit, der im Grunde genommen dasselbe besagte: »Größe 1,73 m, normale Konstitution, bläuliche Augen, Füße und Hände gut erhalten, eine über den Rücken der linken Hand sich hinziehende Narbe. Neun durch Gewehrkugeln verursachte Wunden wurden gezählt, zwei Einschüsse rechts und links des Schlüsselbeins, Wunden auf der linken Brustseite zwischen der neunten und zehnten Rippe sowie je eine am rechten und linken Bein und am rechten Unterarm, starke Blutansammlung in der Brusthöhle, Gefäßverletzungen, die zum Tode führten.«

Ernesto »Che« Guevara: ¡PRESENTE!

Das geschah vor vielen Jahren und Jahrzehnten, im vorigen Jahrhundert, doch nichts ist zu Ende. Die Konfrontation, der Che Guevara zum Opfer fiel, besteht fort, keinesfalls von weniger brutalen und bedrohlichen Kämpfen gezeichnet. Die Macht der Mächtigen ist nach der Niederlage des Sozialismus noch gewachsen, sogar diffiziler, zugleich unverfrorener und gewalttätiger geworden. In einer Zeit der Verwirrung schien der Widerstand dagegen zu erlahmen, doch der schamlose Zugriff auf einstmals errungene Rechte und der Sturmlauf gegen jegliche soziale Befreiung und Gerechtigkeit, hat hierzulande und bei vielen Völkern aller Kontinente die alte, einfache Weisheit wieder zum dringendsten Gebot gemacht: Um uns selber müssen wir uns selber kümmern!

Es gibt wie am Ende des vergangenen blutigen Jahrhunderts auch zu Anfang des neuen Jahrhunderts rund um die Erde Demonstrationen, Streiks, Befreiungsbewegungen, Palastrevolten, Bürgerkriege, Revolutionen und Konterrevolutionen, Terror und

Gegenterror. Kein Tag vergeht ohne Krieg, Gewalttätigkeit und schändliche Opfer von Hunger, Elend und Unterdrückung. Dazu tobt eine ungeheuerliche Medienschlacht, die oft genug die Wahrheit und die Vernunft auf den Kopf stellt. Gewissenlose Politiker und mächtige Wirtschaftsbosse werden zu Verteidigern von Demokratie und Freiheit umgefälscht, Befreiungskämpfer und Kommunisten sowieso als Verbrecher und Gewalttäter verteufelt. Hingegen erhalten Betrügereien am Volk, Ausplünderungen, Einmischungen und Invasionen das Etikett von Hilfs- oder Befriedungsaktionen. Alles wie eh und je: Kuba, Palästina, Afghanistan, Irak, Iran, Sudan, Korea und so weiter – nur mit immer mehr Aufwand an Lügen, betrügerischen Aktionen, Waffen und unbarmherziger Gewalt.

Dennoch ist Che für die einen das Beispiel des entschlossenen revolutionären Kampfes geblieben, die Hoffnung auf Änderung und Befreiung, die Alternative; für andere der Phantast und Träumer, der schießwütige Rebell und romantische Anarchist. Immer wieder muß er als Beweis für das Scheitern des Aufbegehrens gegen die altneu geordnete, immer menschenfeindlichere

Welt des großen Gelds herhalten. Und schon zu seinen Lebzeiten und zuhauf seit seinem Tod verstummen auch von Seiten gewisser linker Parteiideologen – meist solcher, die inzwischen dem Sozialismus abgeschworen haben – die Schmähungen und Kassandrarufe gegen Ches Konzept vom revolutionären Kampf nicht.

Im »Bolivianischen Tagebuch« ist nachzulesen, wie es ihn traf, als ihn kurz nach dem Hinmetzeln von Joaquin, Tania und der anderen Compañeros, genau einen Monat vor seiner Ermordung, ein solches dogmatisches Verdammungsurteil von »links« im Dschungel erreichte: »Eine Budapester Zeitung kritisiert Che Guevara als pathetische und anscheinend verantwortungslose Figur...«

Schon in der Sierra Maestra, kurz vor Ende der Kämpfe, hatte Che eine grundsätzliche Antwort auf die Frage gegeben: »Was ist ein Guerillero?« Es ist ein Aufsatz von zwei, drei Seiten, der im Februar 1959, unmittelbar nach dem Sieg der kubanischen Revolution, erstmals veröffentlicht wurde. Die ersten Sätze lauten: »Der Guerillero ist im höchsten Sinne des Wortes der Freiheitskämpfer, der Auserwählte des Volkes, dessen kämpfende Avantgarde im Kampf um die Befreiung. Denn der Guerillakrieg ist nicht, wie man oft meint, ein Kleinkrieg, der Krieg einer Minderheit gegen eine mächtige Armee, nein: der Guerillakrieg ist der Krieg des ganzen Volkes gegen die Unterdrückung. Der Guerillero stellt die bewaffnete Vorhut des Volkes dar; die Guerilla-Armee setzt sich aus allen Einwohnern einer Region oder eines Landes zusammen. Das ist das Wesen ihrer Kraft und ihres früheren oder späteren Triumphes über jede Macht, die sie zu unterdrücken sucht; mit anderen Worten: Die Grundlage und den Nährboden der Guerilla-Bewegung bildet das Volk.«

Unverkennbar sind diese Worte von den Erfahrungen des kubanischen Befreiungskampfes geprägt, alle Voraussetzungen und Bedingungen, die er nennt, waren dabei erfüllt und trotz Niederlagen und Rückschlägen das Miteinander von Volk und Guerilla und damit der Erfolg gesichert. Anders im Kongo und in Bolivien, dort kam diese Verbindung nie zustande, die kleine Schar der Kämpfer blieb isoliert und ein Fremdkörper, zuletzt gab es in Bolivien ein zunehmend distanziertes, nahezu feindseliges Verhalten der Bevölkerung zu den

Guerilleros, so daß es schließlich sogar zum Verrat kam.

Das Tagebuch vom Kongo und besonders das Bolivianische geben Zeugnis davon, daß sich Che in jeder Situation rückhaltos an seinen eigenen Grundsätzen und Ansprüchen gemessen und danach das Geschehen und sein Handeln beurteilt oder gar in Frage gestellt hat. So war er sich durchaus der Verantwortung auch weit über den Kreis seiner Mitkämpfer und einer bestimmten Aufgabe hinaus bewußt. Es waren keine Blitzideen, sondern sorgfältig vorbereitete Aktionen in Gegenden, in denen es Volkserhebungen, Widerstandbewegungen und Kämpfe gegen die jeweiligen Machthaber gegeben hatte und gab. In den Kongo war er gegangen, weil er sich nach Lumumbas Ermordung wie Castro und die kubanische Revolutionsregierung zu solidarischem Handeln mit der afrikanischen Befreiungsbewegung verpflichtet glaubte. Den Kampf in Südamerika hatte er bereits auf seinen Reisen als Student und junger Arzt vorausgesehen und sich ihm mit allen Fasern seines Herzens verschrieben, spätestens dann, als er das Debakel und die halbherzige Revolution sowie die USA-Intervention in Guatemala erlebt hatte.

Als sich Che in Mexiko den kubanischen Revolutionären anschloß, stellte er eine Bedingung: »Das einzige, was ich nach dem Sieg der Revolution möchte, ist die Rückkehr nach Argentinien, um dort zu kämpfen.« Fidel berichtete später, daß er mehrfach an das Versprechen erinnert wurde, das er ihm gegeben hatte, jedoch vielfältige politische und wirtschaftliche Aufgaben und Probleme hätten erst einmal gemeinsam auf Kuba gelöst werden müssen. »Natürlich, nachdem er die Erfahrungen in der Sierra gesammelt hatte, vervielfachte sich seine Begeisterung für die Idee, die Revolution in Südamerika, in seinem eigenen Land zu machen.« Schließlich habe Che den »Ort« – jenes Grenzdreieck von Bolivien, Paraguay und Argentinien – selbst ausgewählt und »den Schlachtplan« entworfen, alles sei minutiös und perfekt organisiert gewesen, dazu die »fast unglaubliche Erfahrung«, wie man sich nach Niederlagen und unter schwierigsten Bedingungen neu organisiere und den Kampf führe, das habe ihm großes Vertrauen in die Möglichkeiten der revolutionären Bewegung in Südamerika gegeben. »Ich meine, daß es da grundsätzlich keinen Irrtum gegeben hat.

Er versuchte Unterstützung zu erreichen von organisierten politischen Kräften. Es konnte davon ausgegangen werden, daß er von der Kommunistischen Partei Boliviens und anderen Kräften unterstützt wird«, so Castro auf die Frage, ob es für Ches Guerillakampf in Bolivien überhaupt eine Chance gegeben hatte.

Dieser Antwort wäre noch eine Feststellung Fidel Castros hinzuzufügen, die gerade heute der Ratlosigkeit und Resignation nicht weniger Linker und allen Vertröstern auf den Sanktnimmerleinstag ins Stammbuch geschrieben sein könnte: »Zu allen Zeiten und unter jeglichen Umständen wird es immer genügend Vorwände geben, warum man nicht kämpft, und das ist der einzige sichere Weg, niemals die Freiheit zu erreichen. Che hat seine Konzeptionen nicht überlebt, aber er hat dafür sein Blut gegeben. Sicherlich werden seine pseudorevolutionären Kritiker mit ihrer politischen Feigheit und ewigen Unfähigkeit zur Aktion noch die Offenbarung ihrer eigenen Schwachsinnigkeit erleben.«

Das Leben und das Vermächtnis des Comandante Che Guevara gehören zu den größten Hoffnungen und

Herausforderungen des vergangenen Jahrhunderts und gewiß auch noch eine Weile für die Jetztzeit:

SEIEN WIR REALISTEN,
VERSUCHEN WIR DAS UNMÖGLICHE!

ANHANG

Literaturhinweis

AMADO, JORGE: Vorwort zu *Che. Ein fotografisches Album*. Berlin: Elefanten-Press, 1991.

CASTRO RUZ, FIDEL: *Fanal Kuba. Reden und Schriften 1960–1962*. Berlin: Dietz, 1963.

CHRUSCHTSCHOW, NIKITA S.: *Chruschtschow erinnert sich*. Reinbek bei Hamburg: Rowohlt, 1971.

CHRUSCHTSCHOW, NIKITA S.: *Skizzen zur Biographie*. Berlin: Dietz, 1990.

DEBRAY, REGIS/ALLENDE, SALVADOR: *Der chilenische Weg*. Neuwied/Darmstadt/Berlin: Luchterhand, 1972.

GUEVARA, ERNESTO LYNCH: *Mein Sohn Che*. Hamburg: Verlag am Galgenberg, 1986.

GUEVARA, ERNESTO CHE: *Brandstiftung oder Neuer Friede? Reden und Aufsätze*. Reinbek bei Hamburg: Rowohlt, 1969.

GUEVARA, ERNESTO CHE: *Ökonomie und neues Bewußtsein. Schriften zur politischen Ökonomie*. Hrsg. von Horst Kurnitzky. Berlin: Wagenbach, 1969.

GUEVARA, ERNESTO CHE: *Episoden aus dem Revolutionskrieg*, Leipzig: Reclam, 1982.

GUEVARA, ERNESTO CHE: *Latinoamericana. Tagebuch einer Motorradreise 1951/52*. Köln: Kiepenheuer und Witsch, 1994.

Guevara, Ernesto Che: *Das vollständige bolivianische Tagebuch*. Bonn: Pahl-Rugenstein, 2003. (Ausgewählte Werke in Einzelausgaben, Bd. 5)

James, Daniel: *Che Guevara. Mythos und Wahrheit eines Revolutionärs*. München: Heyne, 1997.

Langer, Heinz: *Kuba. Die lebendige Revolution*. Böklund: Verlag Wiljo Heinen, 2007.

Lawrezki, Josef: *Ernesto Che Guevara*. Berlin: Verlag Neues Leben, 1974.

May, Elmar: *Che Guevara*. Reinbek bei Hamburg: Rowohlt, 1973.

Panitz, Eberhard: *Cristobal und die Insel*. Berlin: Verlag Neues Leben, 1963.

Panitz, Eberhard: *Der Weg zum Rio Grande. Ein biographischer Bericht über Tamara Bunke*. Berlin: Verlag Neues Leben, 1973.

Panitz, Eberhard: *Cuba mi amor. Die letzte Insel*. Berlin: edition ost, 2004.

Schnibben, Cordt: *Che und andere Helden*. Hamburg: Rasch und Röhring, 1997.

Sinclair, Andrew: *Che Guevara*. München: Deutscher Taschenbuch Verlag, 1970.

Sonntag, Heinz Rudolf, (Hrsg.): *Che Guevara und die Revolution*. Frankfurt a.M./Hamburg: Fischer-Bücherei, 1968.

Taibo, Paco Ignacio (Hrsg): *Das Jahr, in dem wir nirgendwo waren. Ernesto Che Guevara und die afrikanische Guerilla*. Berlin/Amsterdam: Ed. ID-Archiv, 1996.

CIA-Dokumente

NSC BRIEFING SECRET 17 March 1959

CIA HISTORICAL REVIEW PROGRAM RELEASE IN FULL 1997

CUBA

I. Fidel Castro's campaign against dictatorships has assumed two distinct forms: encouragement of revolutionary plotting against "dictators" and pressure for the exclusion of "dictatorships" from membership in the Organization of American States (OAS).

A. Castro has denied any intention to intervene militarily but has publicly declared his intention to assist anti-dictator revolutionary groups. Cuba has become a meeting ground for revolutionary groups desirous of receiving Cuban arms, equipment or financial support.

B. Argentine leftist Ernesto "Che" Guevara has been given authority by Fidel Castro to deal with revolutionary groups. Some low level members of the "26th of July" movement are probably aiding exile groups.

1. "Che" Guevara has demonstrated pro-Communist sympathies and has tended to facilitate Communist activities in Cuba.

C. Castro's campaign against dictatorships is at variance with other liberal leaders in the area, principally Venezuelan President Betancourt and former Costa Rican President Figueres. They fear that Castro's dealings with Communist-influenced exile groups would introduce pro-Communist regimes.

1. Figueres may assist rival non-Communist rebel groups and Betancourt.

II. Revolutionary plotting in Cuba is directed primarily against governments of Dominican Republic, Haiti, Nicaragua, and Paraguay.

SECRET

Seite aus einem CIA-Report über Kuba an den »National Security Council« vom 17. März 1959.
Unter »B« heißt es, daß Che von Fidel Castro ermächtigt wurde, sich mit revolutionären Gruppen zu beschäftigen, daß er Sympathien für den Kommunismus zeige und kommunistische Aktivitäten unterstütze.

SECRET [redacted]

The combined units of Company A and the supporting units from Company B moved into the area of the Churro Ravine using two squads of Company A as a blocking force a few kms north of the small Caino Ravine. Cpt Prado set up his mortar section east of the Churro Ravine, with 3rd Platoon of Company B to his rear in support, under the command of Sgt Huauca. 1st Platoon of Company A under the command of Lt Perez entered the Churro Ravine to the north at the confluence of two small streams. Lt Perez initiated the pursuit and began driving the guerrilla force south while Cpt Prado's mortars shelled the ravine. At this point a machine gun was brought up to also cover the ravine and hold the left flank of Prado's mortar section and supporting troops. As the 1st Platoon of Company A pushed south they came under fire and lost 3 soldiers immediately. Cpt Prado then ordered Sgt Huauca to move down the small Tuscal Ravine and wait at the entrance of the Churro Ravine. The 3rd Platoon of Company B carried out this order and after finding nothing, was ordered to enter the Churro Ravine and begin pursuit in the direction of Lt Perez's platoon. Sgt Huauca immediately encountered a group of 6 to 8 guerrillas and opened fire. At this point they killed "Antonio" and "Orturo", two Cubans. Sgt Huauca lost one soldier here and another was wounded. "Ramon" (Guevara) and "Willy" tried to break out in the direction of the mortar section. They were sighted by the machine gun crew which took them under fire. "Ramon" (Guevara) was hit in the lower calf and was helped by "Willy" toward the Tuscal Ravine where apparently they rested for a few minutes. They then moved north, directly in front of Cpt Prado who ordered several soldiers to chase them. Soldiers Encinos, Choque, and Balboa were the first Bolivians to lay hands on Guevara. "Willy" and "Ramon" (Guevara)were later transported back to La Higueras with Cpt Prado and the elements of Companies A and B. The Bolivians did not remain in position after nightfall. From 1900 hrs until 0400 hrs on the 9th, there were no significant Bolivian troops in the area of the fire fight. This gave the guerrilla force ample time to escape the area, but either due to confusion after the battle or poor evaluation of the situation by their leaders, the guerrilla force remained in the Churro Ravine.

On 30 October 67, at a small pavilion in La Esperanza, Bolivia, Lt Raul Espinoza Lord, Company B, 2nd Ranger Bn, stated the following in regards to the handling of Ernesto "Che" Guevara. Guevara and "Willy" were transported back to La Higueras on the afternoon of the 8th, after the battle at the Churro Ravine. Guevara had a slight wound in the lower calf, which was treated upon returning to La Higueras. Lt Espinoza talked at length with Guevara, though Guevara did not reveal any pertinent information. Espinoza felt a high regard for Guevara as a soldier and a man, and was anxious to know more of this "legendary figure". Guevara answered all of his questions with remarks such as "perhaps" or "possibly". Early in the morning of the 9th of October, the unit received the order to execute Guevara and the other captives. Previously, Col Santana, Commander of the 8th Division, had given express orders to keep the prisoners alive. The Officers involved did not know where the order originated, but felt that it came from the highest echelons. Cpt Prado gave the order to execute Guevara to Lt Perez, but he was unable to carry out the order and in turn gave it to Sgt Terran, Company B. At this time Perez asked Guevara if there

REGRADED UNCLASSIFIED
ON 10 FEB 1992
BY CDR USAINSCOM FOI/PO
AUTH Para 1-603 DOD 5200.1R

3

SECRET [redacted]

Aus dem Bericht über die Aktivitäten des »2nd Ranger Battallion« vom 28. November 1967, geschrieben von einem Offizier der US-Army.

SECRET

NO FO[redacted]

was anything he wished before his execution. [redacted] replied that he only wished to "die with a full stomach". Perez then asked him if he was a "materialist", by having requested only food. Guevara returned to his previous tranquil manner and answered only "perhaps". Perez then called him a "poor shit" and left the room. By this time, Sgt Terran had fortified his courage with several beers and returned to the room where Guevara was being held prisoner. When Terran entered the room, Guevara stood up, hands tied in front, and stated, "I know what you have come for I am ready". Terran looked at him for a few minutes and then said, "No you are mistaken be seated." Sgt Terran then left the room for a few moments.

"Willy", the prisoner taken with Guevara, was being held in a small house a few meters away. While Terran was waiting outside to get his nerve back, Sgt Huacka entered and shot "Willy." "Willy" was a Cuban and according to the sources had been an instigator of the riots among the miners in Bolivia. Guevara heard the burst of fire in his room and for the first time appeared to be frightened. Sgt Terran returned to the room where Guevara was being held. When he entered, Guevara stood and faced him. Sgt Terran told Guevara to be seated but he refused to sit down and stated, "I will remain standing for this." The Sgt began to get angry and told him to be seated again, but Guevara would say nothing. Finally Guevara told him, "Know this now, you are killing a man." Terran then fired a burst from his M2 Carbine, knocking Guevara back into the wall of the small house.

Interviews with a doctor that had examined Guevara's cadaver and evaluation of available photos indicate that Guevara did have one wound in the lower calf, that appeared to the doctor to have been received at a different time than the other wounds that were received at short range and directly from the front.

During the evening of the 8th and the morning of the 9th, Lt Espinoza had on his person a pipe that he said Guevara had given him during their night together at La Higueras. He showed this pipe to source at the pavilion in La Esperanza and again at the 8th Division Headquarters in Santa Cruz on the morning of the 31st. The pipe was of an "Air Cooling design" with a part of the stem exposed and made of silver colored metal. The bowl was black and appeared to have been smoked for some time. This pipe form agrees with the descriptions of the pipe "Ramon" had been using during earlier developments of the guerrilla operations.

At 0400 hours on the morning of the 9th, elements of A and B Company returned to the Churro Ravine and reengaged the guerrilla force. 2nd Platoon of Company B and a mortar squad formed the blocking force at the confluence of the ravine and 3rd and 4th Platoon of A Company began pursuit towards them. Lt Espinoza was with the mortars at this time and could observe the movement of the guerrillas in the ravine. He took 6 men and entered the ravine and shot "El Chino" and Lorgio Voca. These were the

SECRET [redacted]

Die Legende, daß Che an seinen im Kampf erlittenen Verwundungen gestorben sei, war nur für die Öffentlichkeit bestimmt. US-Offizielle wußten um die Details der Exekution.

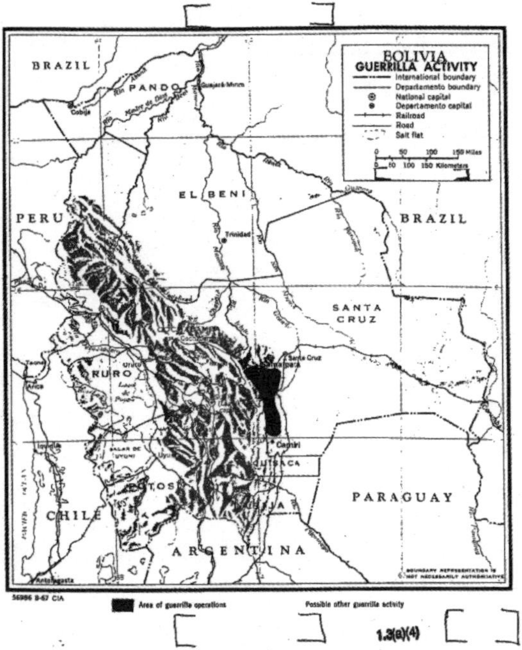

Eine Seite aus einem CIA-Bericht vom 14. September 1967 an den »National Security Council« der USA: »The Situation in Bolivia«. In Schwarz eingezeichnet ist »das Gebiet der Guerilla-Operationen«.

Inhalt

7 *Platz der Revolution*

19 *Nachfahre des Vizekönigs*

33 *Medizinstudent*

42 *Die große Motorradreise*

63 *Heimkehr und neuer Abschied*

79 *Mexiko und Landung in Kuba*

92 *Sierra Maestra*

110 *Festungskommandant, Bankchef, Minister*

129 *Chruschtschows Raketen unter Palmen*

144 *Revolutionäre Ideale und Sozialismus*

156 *Zu neuen Kämpfen*

192 *Der gordische Knoten*

199 *Berge und Schluchten Boliviens*

239 *Ernesto »Che« Guevara: ¡Presente!*

247 *Anhang*
Literaturhinweis
CIA-Dokumente

EBERHARD-PANITZ-EDITION

im Verlag Wiljo Heinen

Meines Vaters Straßenbahn
Neu-Edition, 2006
186 Seiten, 10,– Euro
ISBN 978-3-939828-00-6

Panitz´ autobiographische Erzählung über das Leben einer Dresdner Familie in Kriegs- und Nachkriegszeit.

Die unheilige Sophia
Neu-Edition, 2007
268 Seiten, 12,50 Euro
ISBN 978-3-939828-08-2

Die Geschichte einer roten Bürgermeisterin der »Stunde Null«. Mit zahlr. Filmfotos und einem Beitrag von M. Wekwerth.

Der geheime Rotbannerorden
Erstausgabe, 2006
253 Seiten, 10,– Euro
ISBN 978-3-939828-04-4

Die spannende Novelle bringt Geschehen aus der tragischen deutsch-russischen Geschichte erstmals oder wieder ans Licht.